INHALT

Einleitung des Herausgebers

Die Evangelisten interpretieren Jesus, aber sie geben uns kein »Bild« von ihm. Jedes der vier Evangelien setzt einen eigenen Akzent – auch die Zusammenschau der »Synoptiker« beeinträchtigt da nicht ihre Originalität –, doch diese interpretierenden Akzente sind nüchtern, zurückhaltend, sie verweigern sich der Spekulation. Nur einmal finden wir einen Hinweis auf den Menschen Jesus, der so etwas wie ein physisches Bild aufscheinen läßt: »Das Kind aber wuchs und wurde stark, voller Weisheit, und Gottes Gnade war bei ihm«, heißt es bei Lukas (Lk 2,40). Hier ist, anders als zuvor in Lukas 1,80 (»Und das Kindlein wuchs und wurde stark im Geist«), zweifellos physische Stärke gemeint, die alles andere evoziert als den zärtlichen, fast androgynen Jüngling, den Kunst und Literatur immer wieder einmal hervorgezaubert haben und der jüngst auch wieder bei Franz Alts Jesus-Buch Pate gestanden hat.

In Jesus ist Gott Mensch geworden: Dieser christliche Glaubenssatz zeigt gleichermaßen die Legitimation und die Grenzen literarischer Jesus-Interpretationen auf. Den Spielraum, in dem sich die moderne Literatur in der säkularisierten Gesellschaft hier bewegt, versuchten der Athos-Medienkreis des Deutschen Instituts für Bildung und Wissen und der R. Brockhaus Verlag im vergangenen Jahr während einer Tagung auf Schloß Reichenberg im Odenwald auszuloten. Der Paderborner Historiker Prof. em. Dr. phil. *Hugo Staudinger*, Leiter des Instituts für wissenschaftstheoretische Grundlagenforschung, leitete das Symposium mit einer luziden Gegenüberstellung der Chancen und Gefahren literarischer Jesus-Bilder ein und verwies auf die klärende Rolle des christlichen Interpreten. Die Rahmenbedingungen untersuchten der Wuppertaler Literaturhistoriker Carsten Peter Thiede (»›Aus dem Schatten treten‹ – Das Jesus-Bild in der neueren Literatur des 20. Jahrhunderts«) und der Wuppertaler Theologe und Religionsphilosoph Dr. phil. habil. *Hartmut Rosenau* (»Jesus Christus in der Belletristik. Einige grundsätzliche Überlegungen zum Verhältnis von Theologie und Ästhetik«). Beide Beiträge arbeiteten heraus, welche Mittlerfunktion das *Medium* Literatur übernehmen kann, wenn es beachtet, daß die »Unverfügbarkeit und das ›Geheimnis‹ Jesu Christi (. . .) adäquat nur in einer Weise der ›indirekten Mitteilung‹ (. . .) geschehen kann, die eben als *indirekte* die Unverfügbarkeit achtet und respektiert« (Rosenau).

Den zweiten Teil der Tagung, und somit auch dieses Dokumentationsbandes, bildete die Auseinandersetzung mit zwei Bestsellern, die zu »Longsellern« wurden, *Gerald Messadiés* Roman »*Ein Mensch namens Jesus*« *(Rosenau)* und *Franz Alts* »*Jesus – der erste neue Mann*« *(Bayer, Riesner)*. Rosenaus Kritik an Messadiés Versuch leuchtet als Fortsetzung der ästhetischen Überlegungen seines voraufgegangenen Beitrags unmittelbar ein. Spannend ist im Anschluß daran der Versuch des Gießener Neutestamentlers Dr. *Hans F. Bayer*, dem Buch Franz Alts mit noblem Einfühlungsvermögen gerecht zu werden, ohne dabei an kritischer Detailanalyse zu sparen. Unter dem vielen, das über Alts Buch in letzter Zeit geschrieben wurde, dürfte diese Untersuchung zu den nützlichsten, hilfreichsten und konstruktivsten gehören. Der Tübinger Neutestamentler und Judaist Dr. theol. habil. *Rainer Riesner* beschließt diesen Band mit einem bewußt polemisch konzipierten Angriff auf den gefährlichen Dilettantismus, der Alts Buch zugrunde liegt. Sein Erschrecken über die negativen Folgen der quellenverfälschenden, antisemitischen und geschichtslosen Manipulationen, mit denen da gearbeitet wird, teilt sich als Warnung an die Leser mit, den »Indikatoren des Zeitgeistes« mit Umsicht und Skepsis zu begegnen.

Wir erleben eine Phase, in der Neutestamentler und Geschichtswissenschaftler immer genauer den historischen Jesus herausarbeiten, während Schriftsteller immer ungenauer einen mythischen Wunschbild-Jesus zu erträumen scheinen. Daß die Literatur, ohne ihre Freiräume zu verlieren, den Vorsprung der Forschung gerade auch als Mittlerin einzuholen vermag, sollte eine Hoffnung sein, für die dieses Jahrbuch einen Beitrag bieten könnte.

Carsten Peter Thiede

Hugo Staudinger

Die Notwendigkeit und Problematik literarischer Jesus-Bilder

Im Thema dieses Berichtsbandes und in der Überschrift dieses Beitrags finden sich zwei Stichworte: »Jesus-Interpretationen« und »Jesus-Bilder«. Die beiden Begriffe unterscheiden sich voneinander durch ihre unterschiedliche Akzentuierung. »Interpretation« setzt etwas Vorgegebenes voraus, das interpretiert wird und an dem sich die Interpretation zu orientieren hat. »Bild« ist in dieser Hinsicht mehrdeutig. Gewiß gibt es Porträts und Standbilder, die sich an dem orientieren, den sie darstellen, und als eine Interpretation des Dargestellten betrachtet werden können. Das gilt z.B. für viele Darstellungen von Herrschern, angefangen von der Statue des Augustus von Prima Porta über Tizians Gemälde Karls V. in der Schlacht von Mühlberg bis hin zu der pompösen Darstellung Kaiser Wilhelms II. auf einem Gemälde von 1890.

Im Gegensatz zu diesen Werken, die interpretierende »Abbilder« sind, gibt es jedoch auch Bilder, die eher der Vorstellung bzw. Phantasie entspringen. Hierzu gehören nicht nur Bilder von Märchenfiguren wie Schneewittchen, Aschenputtel, Dornröschen oder auch Rübezahl, Gestalten der Sage wie Gudrun, Hagen, Krimhild oder auch Sindbad, sondern auch manche Bilder von geschichtlichen Personen, insbesondere solchen, von denen zeitgenössische Darstellungen fehlen. Aber auch Darstellungen von Gottheiten, wie wir sie in alten Kulturen finden, zählen zu diesen nicht am Erscheinungsbild konkreter Personen orientierten Bildern.

Im Gegensatz zu den meisten Völkern der Antike und insbesondere auch zu ihren unmittelbaren Nachbarn hatten die Juden, denen Jesus entstammt, keine Bilder »ihres« Gottes, der sich ihnen kundgetan und sie aus dem Sklavenhaus Ägypten herausgeführt hatte. Seine Gebote enthielten vielmehr ausdrücklich ein »Bilderverbot«. Es lautet im Dekalog: »Du sollst dir kein geschnitztes Bild machen, kein Abbild von dem, was im Himmel droben oder unten auf der Erde oder im Wasser unter der Erde ist. Du sollst dich nicht

vor diesen Bildern niederwerfen und sie nicht verehren.« Der Wort-
laut dieses Gebots läßt gewiß einen Interpretationsspielraum zu.
Unmittelbar geht es zunächst um eine Absage an die Gottheiten
und Kulte der Nachbarvölker. Das Bilderverbot wurde jedoch schon
im klassischen Judentum streng ausgelegt, eine Interpretation, die
später im Islam nochmals verschärft wurde und die sogar im Christentum im sogenannten »Bilderstreit« nachwirkte.

Für den ersten Augenblick scheinen diese Hinweise mit dem
Thema dieses Buches wenig zu tun zu haben. Dennoch läßt sich die
Frage des Jesus-Bildes vom Gottes-Bild nicht trennen. Immerhin
sagt Paulus von Jesus: »Er ist das Bild Gottes, des Unsichtbaren, der
Erstgeborene aller Schöpfung«[1]; und Jesus selbst antwortet nach
dem Zeugnis des Johannesevangeliums dem Philippus, der ihn gebeten hatte, ihnen den Vater zu zeigen: »Solange schon bin ich bei
euch, und du kennst mich noch nicht, Philippus? Wer mich gesehen
hat, hat auch den Vater gesehen. Wie kannst du also sagen: Zeig uns
den Vater? Glaubst du nicht, daß ich im Vater bin und der Vater in
mir ist? Die Worte, die ich zu euch rede, sage ich nicht aus mir
selbst, und die Werke vollbringt der Vater, der in mir bleibt.«[2] Nach
diesem biblischen Zeugnis ist also Jesus das ungeschmälerte Abbild
des Vaters. Wer ihn sieht, sieht den Vater. Wir haben in diesem Sinne in Jesus Gottes authentisches und legitimes Bild, ja letzten Endes
mehr als ein bloßes Bild: In der Menschwerdung bzw. in Jesus Christus ist Gott uns sichtbar erschienen.

Eine Voraussetzung dafür war freilich eine andere Analogie, die
im Alten Testament ausdrücklich mit dem Begriff des Bildes um-
schrieben wird. In der Genesis heißt es im Schöpfungsbericht: »Nun
sprach Gott: ›Laßt uns den Menschen machen nach unserem Bilde,
uns ähnlich ...‹ und Gott schuf den Menschen nach seinem Bilde,
nach dem Bilde Gottes schuf er ihn, als Mann und Frau schuf er
sie.«[3] So gibt es nach dem Zeugnis der Bibel von Anfang an eine
durch Bildhaftigkeit geprägte Analogie zwischen Gott und Mensch,
und nach der Menschwerdung des Sohnes sieht der, der diesen
Menschen Jesus Christus sieht, zugleich den Vater. Wie aber sollen

[1] Kolosser 1,15
[2] Johannes 14,9
[3] Genesis (1. Mose) 1,26f

8

wir, die wir im Gegensatz zu Philippus Jesus nicht vor uns stehen haben, den Vater sehen, oder anders formuliert: Wo haben wir ein Bild von Jesus, um in ihm auch den Vater zu erkennen?[4]

Von Jesus gibt es kein zeitgenössisches Porträt und kein zeitgenössisches Standbild. Ob das Turiner Grabtuch als ein authentisches Abbild des Gekreuzigten betrachtet werden muß, ist nach wie vor umstritten.[5] Unbestreitbar ist jedoch, daß Porträts und Standbilder keineswegs die wichtigsten Zeugnisse sind, um ein »Bild« von einer Persönlichkeit zu vermitteln. Bedeutend aufschlußreicher sind literarische Quellen. Unser »Bild« der eingangs genannten Kaiser Augustus, Karl V. und Wilhelm II. wäre zwar ohne die erwähnten Darstellungen in mancher Hinsicht ärmer, jedoch nicht wesentlich gestört bzw. unvollständig. Dagegen wäre es höchst unzureichend, wenn wir nur die genannten Darstellungen, dagegen keine literarischen Zeugnisse von diesen Persönlichkeiten hätten. Wir sprechen ja nicht zu unrecht auch von einem literarischen Porträt, und man kann hinzufügen, daß dieses literarische Porträt in vieler Hinsicht eindrucksvoller und aufschlußreicher ist als jede noch so zutreffende bildnerische Darstellung.[6]

Schon aus diesen wenigen Überlegungen ist deutlich, daß wir ein Bild Jesu vor allem in den literarischen Zeugnissen zu suchen haben. Jesus begegnet uns – sieht man von mystischen Erfahrungen ab – nicht unmittelbar, sondern wir sind auf literarische Zeugnisse angewiesen. Selbstverständlich kommt dabei – sofern man ein zutreffendes Bild gewinnen will – den zeitgenössischen oder zumindest sehr frühen Zeugnissen eine Schlüsselrolle zu.

Aber auch die frühesten Zeugnisse sind unter formalem Gesichtspunkt literarische Porträts. Das »Bild«, das die verschiedenen Schriften des Neuen Testament von Jesus vermitteln, hat zwar als

---

[4] Bei einer umfassenderen Betrachtung müßte man an dieser Stelle allerdings auch darauf hinweisen, daß jeder Christ seinerseits ein »alter Christus« – ein zweiter Christus – sein soll (gemäß Philipper 2,5), und daß dementsprechend in dieser Weise auch er das »Bild des Vaters« darstellt.

[5] Vgl. ibw-Journal 7/1990, S. 31f

[6] In diesem Zusammenhang ist auch aufschlußreich, daß die bildnerische Darstellung jeweils an Aussagekraft gewinnt, wenn sie mehr ist als eine mehr oder weniger fotografische Wiedergabe. Auch hierfür können die drei eingangs genannten Darstellungen als Beispiel dienen.

ganzes eine innere Stimmigkeit. Es ist jedoch keineswegs »einheitlich«. Daher halten es manche Exegeten für notwendig, von einem johanneischen und einem synoptischen Jesus zu sprechen, wobei man beim synoptischen zuweilen noch den markinischen und den lukanischen besonders herausstellt. Offensichtlich ist es kaum möglich, diese verschiedenen Akzentuierungen zu einem einzigen Jesus-Bild zusammenzufassen.

Als Beispiel für diese Schwierigkeit weise ich auf die Berichte vom Sterben Jesu Christi am Kreuze hin. Nach dem Bericht des *Markus* und des *Matthäus* rief Jesus mit lauter Stimme »Mein Gott, mein Gott, warum hast du mich verlassen?«.[7] Nach dem Bericht des *Lukas* rief er: »Vater, in deine Hände befehle ich meinen Geist.«[8] Und nach dem Bericht des *Johannes* schließlich sprach er: »›Es ist vollbracht‹, und er neigte das Haupt und gab seinen Geist auf.«[9]

Da diese jeweiligen Worte sich auch in den Psalmen finden, hat man unter Rückgriff auf deren Text Versuche einer Synchronisierung gemacht. Derartige Interpretationen sind als solche legitim. Sie bleiben jedoch mehr oder weniger spekulativ und sind in Gefahr, in eigenwillige Vermutungen abzuleiten. Aber auch abgesehen von dieser Problematik bin ich der Meinung, daß wir die Heilige Schrift als Gottes Wort nur dann ernst nehmen, wenn wir auch die darin enthaltene Pluralität der Überlieferung als etwas Positives akzeptieren.

Macht man diesen Versuch, so erhebt sich nach meinem Dafürhalten die Frage, ob die Tiefe und Vielschichtigkeit der Heilsereignisse selbst eine Pluralität der Darstellung erfordert. Jedes der drei zitierten Jesusworte trägt in seiner Weise dazu bei, von dem letzthin unbegreiflichen Ereignis des Todes Jesu Christi einen bestimmten Gesichtspunkt darzustellen: das erste die furchtbare Todesnot und Verlassenheit, das zweite die Hingabe an den Vater und das dritte die Vollendung der Erlösung. Jeder Versuch, diese drei Gesichtspunkte in einer einzigen Darstellung zusammenzufassen, würde zugleich mit der Harmonisierung zwangsläufig auch zu einer »Ent-

---

[7] Markus 15,34; Matthäus 27,46
[8] Lukas 23,46
[9] Johannes 19,30

schärfung« bzw. Verharmlosung führen. Nur im Ereignis selbst bilden alle drei Aussagen eine Einheit, die jeder einzelnen ihre ungeschmälerte Kraft beläßt.

Was sich an diesem Beispiel zeigen läßt, gilt nach meiner Überzeugung in analoger Weise von den neutestamentlichen Berichten insgesamt. Daher hat es in der Kirchengeschichte im allgemeinen zu problematischen Bewegungen geführt, wenn sich bestimmte christliche Gruppierungen nur an einem einzigen der vier Evangelien – zumeist war es Johannes – zu orientieren suchten und die anderen für überflüssig oder gar irritierend hielten.

Hilfreich war es dagegen oft, wenn einzelne Gläubige oder auch Gruppierungen mit Nachdruck auf bestimmte Aussagen der Schrift hinwiesen, die zu ihrer Zeit wenig oder gar keine Beachtung fanden. Sie sorgten dafür, daß die Fülle der Offenbarung vor einer Verkürzung bewahrt wurde. Außerdem stellen sie in vielen Fällen eine spezifische Antwort auf bestimmte Herausforderungen dar, die sich aus dem Kontext der jeweiligen Zeit ergaben. Als Beispiel sei an das Schlüsselerlebnis des Hl. Franziskus erinnert, der das – selbstverständlich grundsätzlich auch damals bekannte – Wort Jesu an den reichen Jüngling neu in die Geschichte der Kirche einbrachte, indem er es ungeschmälert aktualisierte.

Die Wiederentdeckung und Aktualisierung bestimmter Worte der Heiligen Schrift führt jeweils auch dazu, das »Gesamtbild« von Jesus Christus in bestimmter Weise zu akzentuieren. Solche Akzentuierungen sind grundsätzlich legitim. Es sei nur nochmals an die verschiedenen Akzentuierungen beim Bericht über den Tod Jesu Christi in den Evangelien selbst erinnert.

Aus diesen Berichten mit ihrer verschiedenen Akzentuierung ergibt sich zugleich ein Hinweis auf die Voraussetzungen, unter denen diese Akzentuierungen stehen und ihre Legitimität erhalten. Wichtigste Voraussetzung ist die Zugehörigkeit zum Gesamttext des Neuen Testaments und der damit gewährleistete Verzicht auf eine Verabsolutierung des jeweils eigenen Gesichtspunktes. Hieraus ergeben sich auch Konsequenzen für den gläubigen Leser. Er hat nicht das Recht, bestimmte Sätze aus dem Kontext zu isolieren und absolut zu setzen. Wer z.B. den Tod Jesu Christi nur unter dem Gesichtspunkt »Mein Gott, mein Gott, warum hast du mich verlassen?« betrachtet, der kommt schließlich dazu, von einem völligen Scheitern Jesu zu sprechen. Wer andererseits nur den Gesichtspunkt »Es ist vollbracht!« gelten läßt, der überspielt in unzulässiger Weise den furchtbaren Ernst und die furchtbare Not des Todes am Kreuz.

Hieraus ergeben sich wichtige Kriterien zur Beurteilung literarischer oder auch bildlicher Jesusdarstellungen. Ihre positive Bedeutung beruht darauf, daß sie durch ihre je besondere Akzentuierung bestimmte Züge oder auch bestimmte Gesichtspunkte aus der unerschöpflichen Fülle der Wirklichkeit Jesu Christi bzw. der Heilsereignisse ins Bewußtsein bringen und dadurch unter Umständen legitime Antworten auf besondere Herausforderungen der jeweiligen Zeit darstellen. Ihre Gefahr besteht darin, daß sie die jeweils herausgestellte Akzentuierung absolut setzen und dadurch die Fülle der Wirklichkeit Jesu Christi verkürzen bzw. entstellen. Gegenwärtige Beispiele für Chancen und Gefahren sind z.B. die Befreiungstheologie und die feministische Theologie.

Wie aus den Überlegungen hervorgeht, stehen die Chancen und Gefahren, von denen bisher gesprochen wurde, in einem inneren Zusammenhang miteinander. Denn jede Akzentuierung bedeutet eine Chance zur besseren Erfassung eines bestimmten Gesichtspunktes, ist aber auch mit der Gefahr einer Vereinseitigung verbunden. Demgegenüber bedeutet es eine neue Qualität negativer Möglichkeiten, wenn Jesus-Bilder entworfen werden, die mit den überlieferten Texten des Neuen Testaments mehr oder weniger willkürlich umgehen und letzten Endes die Person Jesu Christi instrumentell für bestimmte eigene Zwecke und Ziele einsetzen.

Gewiß ist ein solches Vorgehen keineswegs singulär und auf die Person Jesu Christi beschränkt. Es geht vielmehr um eine weitverbreitete Tendenz. Zumeist entspringt sie der Absicht, für die Jugend und andere Menschengruppen Vor-»Bilder« zu entwerfen, denen nachgeeifert werden soll. Derartige Bemühungen finden sich oft schon innerhalb der Familie: Von Fehlleistung und Versagen der Eltern und Großeltern wird im allgemeinen wenig gesprochen. Statt dessen werden deren vorbildliche Leistungen herausgestellt. Vergleichbares gibt es auch im politischen Raum. Insbesondere im Zeitalter eines nationalen Patriotismus wurden Fehlleistungen vergangener Generationen nach Möglichkeit heruntergespielt, dagegen ihre Großtaten herausgestrichen. Dabei werden unbedenklich Eigenschaften und Verhaltensweisen, die man von der kommenden Generation erwartet, in die Vorfahren hineinprojiziert. So erklärte während des Dritten Reiches Himmler bei Gelegenheit, es komme weniger darauf an, ob die Germanen wirklich so gewesen seien, wie sie der Jugend dargestellt würden. Es gehe vielmehr darum, ein Vorbild zu gewinnen, daß sie begeistere und dem sie nachstreben können.[10]

Sicher könnte man an dieser Stelle darauf hinweisen, daß unter pädagogischen Gesichtspunkten entworfene »Idealgestalten« durchaus nicht immer die besten Helfer bei erzieherischen Bemühungen sind, daß es vielmehr manchen Kindern eher hilft zu wissen, daß auch die eigenen Eltern und Großeltern keineswegs alles gut und richtig gemacht haben, sondern sich ebenso mühsam durchschlagen mußten wie ihre Kinder. Derartige Überlegungen würden jedoch vom Thema abführen.

Die Frage, die hier ansteht, ist bedeutend tiefgründiger und radikaler. Es geht darum, ob von Jesus Christus ein Bild entworfen werden darf, das sich nicht an der authentischen Überlieferung orientiert, sondern unter dem Gesichtspunkt herausgearbeitet wird, bestimmte persönliche oder gesellschaftliche Impulse auszulösen oder zu vermitteln. Diese Frage läßt sich nur dann klar und überzeugend beantworten, wenn man von vornherein mitbedenkt, wer Jesus Christus ist.

Zumindest nach der Überzeugung der Christen ist Jesus der menschgewordene Sohn, in dem wir Gott, den Vater, zu erkennen vermögen. Das jedoch bedeutet: Wer ein mehr oder weniger willkürliches Bild von Jesus Christus entwirft, der macht sich selbst zum Herrn auch über das Bild des Vaters, um das so gefertigte bzw. korrigierte Bild instrumentell für seine eigenen Ziele einzusetzen. Es bedarf keines besonderen Hinweises, daß ein solches Unterfangen mit dem Glauben an Jesus Christus als Gottes Sohn nicht vereinbar ist.

---

[10] Vgl. zum Zusammenhang auch: Hugo Staudinger, Wissenschaft und Literatur, in: Carsten Peter Thiede (Hrsg.), Christlicher Glaube und Literatur 4, Wuppertal 1990, insbesondere S. 22

Demzufolge ist es kein Zufall, daß derartige Jesus-Bilder von Menschen entworfen werden, die nicht vom Glauben geprägt sind. In diesem Sinne kann man formulieren: Nur wer nicht daran glaubt, daß Jesus der Christus, der Sohn des Vaters, ist, bzw. daß in ihm Gott selbst Mensch wurde, kann Jesus Christus auf eine rein literarische Gestalt reduzieren, deren Darstellung der Phantasie und »Freiheit des Dichters« bzw. Schriftstellers anheim gegeben ist.

Tatsächlich jedoch wird Jesus Christus auch bei solchen Darstellungen keineswegs zu einer literarischen Gestalt unter anderen. Die besondere Herausforderung dieser Jesus-Bilder und die darauf beruhende besondere »Marktchance« der entsprechenden Bücher liegt gerade darin, daß dem gläubigen wie auch dem ungläubigen Leser die besondere Stellung des konkreten historischen und zugleich metahistorischen Jesus Christus[11] wohl bewußt ist, so daß durch die Differenz zwischen dem biblischen und dem jeweiligen literarischen Jesus-Bild ein besonderes Moment der Spannung und des Interesses entsteht.

Bei diesen zur christlichen Überlieferung alternativen literarischen Jesus-Bildern kann die Intention des Verfassers recht unterschiedlich sein. Zumeist geht es zunächst negativ darum, sich durch ein »neues« Jesus-Bild von dem grundsätzlich jeden Menschen betreffenden Anspruch zu befreien, der von den Schriften des Neuen Testaments als authentischem Zeugnis ausgeht. Darüber hinaus sind die literarischen Jesus-Bilder dieser Art weithin geprägt durch das Bestreben, die persönlichen oder auch sozialen Optionen des Autors zu rechtfertigen. Die aus der christlichen Tradition überkommene Autorität Jesu Christi wird eingesetzt, um den Überzeugungen des Autors zu größerem Gewicht zu verhelfen.

Aus diesen Feststellungen ergibt sich, daß eine pauschale Einschätzung dieser literarischen Jesus-Bilder nicht möglich ist. Einerseits wird in ihnen die entscheidende Glaubensüberzeugung, daß in Jesus das authentische Bild Gottes geschaut werden kann, da in ihm

---

[11] Zu dieser Formulierung vgl.: Hugo Staudinger, Die historische Glaubwürdigkeit der Evangelien, Wuppertal ⁵1988, insbesondere S. 12ff. Da, wie dort näher ausgeführt, die Heilsereignisse jeweils eine historische und eine metahistorische Komponente haben, kann man in diesem Sinne auch von einem historischen und metahistorischen Jesus Christus sprechen.

Gott selbst Mensch geworden ist, in Abrede gestellt oder zumindest ignoriert. Andererseits wird gewollt oder ungewollt die Autorität Jesu Christi anerkannt: Der Autor hält es für erstrebenswert, Jesus für sich zu gewinnen, indem er seine eigenen Auffassungen in ihn hineinprojiziert. In diesem Sinne erfüllt sich auch in diesen Jesus-Darstellungen das Wort, wonach dieser zum Eckstein geworden ist.[12] Das bedeutet: Auch diese Jesus-Bilder sind ein Teil der Auseinandersetzungen um die Anerkennung oder Nichtanerkennung des Anspruchs Jesu und um eine angemessene Interpretation der biblischen Schriften.

Bei einer Auseinandersetzung mit diesen Jesus-Bildern muß zudem bedacht werden, daß es nicht nur um die Frage der Gesamttendenz geht, daß vielmehr auch von Interpretationen Jesu, deren Gesamttendenz gegen die christliche Glaubensüberlieferung gerichtet ist, gute Impulse zum besseren Verständnis der neutestamentlichen Schriften ausgehen können. In diesem Zusammenhang sei nur auf die in den letzten Jahrzehnten erschienenen jüdischen Darstellungen verwiesen, die in ihrer Gesamttendenz den einzigartigen Anspruch Jesu Christi ablehnen, die jedoch in vielen einzelnen Aussagen auch für den Christen Hilfe für ein besseres Verständnis der Heiligen Schriften sein können.

In diesem Sinne bedeutet jede Darstellung Jesu Christi mit ihrem spezifischen Jesus-Bild eine doppelte Herausforderung an den kritischen christlichen Interpreten. Einerseits ist es seine Aufgabe, Fehlinterpretationen und Entstellungen aufzuweisen, andererseits hat er jedoch ebenso all das anzuerkennen, was dazu beitragen kann, die ganze Fülle dessen, was uns geoffenbart wurde, tiefer zu verstehen und vollständiger zu erkennen.

---

[12] Matthäus 21,42ff; Markus 12,10f; Lukas 20,17f

Carsten Peter Thiede

Aus dem Schatten treten

Das Jesus-Bild in der neueren Literatur des 20. Jahrhunderts

In einem 1986 veröffentlichten Gedicht des Lyrikers und Benediktiners *Wilhelm Bruners*, »Emmausjünger«, stehen folgende Zeilen über Jesus:

> nur wenn
> er stehenblieb
> konnten
> sie ihn
> auch von
> vorn sehen
> nur dann
> er aber
> ging weiter
> mit ihnen
> seite an seite[1]

Jesus von vorn sehen, ihm ins Angesicht blicken – es fällt der neueren Literatur schwer. Oder sagen wir es anders: Die Selbstverständlichkeit, mit der man in früheren Zeiten Jesus darstellte, ist einer großen Skepsis gewichen. Können wir es überhaupt? Welchen Jesus schildern wir denn? Wagen wir es überhaupt noch, einen wirklichen, einen historischen Jesus zu beschreiben? Müssen wir uns nicht darauf beschränken, seine Wirkung auf uns darzustellen oder bestenfalls seine Wirkung auf eine historiographisch zu vermittelnde Umwelt, wie es denn ja auch einer der großen Bestseller der vergangenen Jahre programmatisch schon im Titel tat: *Gerd Theißens »Der Schatten des Galiläers«* – ein Buch, in dem Jesus selbst kein einziges Mal erscheint.

---

[1] Wilhelm Bruners, Emmausjünger, in: derselbe, Senfkorn Mensch, Düsseldorf 1986, S. 30

Im gleichen Jahr, in dem das Gedicht Wilhelm Bruners' und die Erzählung Gerd Theißens erschienen, wurde aber auch das folgende Gedicht von *Christa Harnisch* veröffentlicht. Es trägt den Titel »*Vollbracht*«:

> seht – er stirbt am bereiteten galgen
> zerschlagener, zerstochener, zerschundener
> leib eines menschen
> mörderisch die strahlen
> der sonne
> die er gehängt ins firmament
>
> eben verklungen
> das fluchen zu seiner linken
> ihr hunde verdammte
> hol euch der teufel
> und seine worte
> vater vergib
>
> qualvoll zuckten
> durchlöcherte hände und füße
> genagelt von bestien
> die er bestimmt
> zu menschen im paradies
>
> eben verklungen
> das gellende geifern
> das lästern
> seht – das ist ein gott
> steig herab
>
> seht – er stirbt
> allein
> verlassen haben ihn alle
> selbst der
> an den seine seele sich hängt
> warum
> markerschütterndster
> entsetzlichster schrei

wie aus millionen kehlen
die je ihn schrein
alles konnte er tragen
nur dies
gott
mein gott
warum

endlich
er stirbt
zerschlagener
zerstochener
zerschundener
leib eines menschen
gehängt in den zenit der geschichte
stunde der menschheit
es ist vollbracht
das ist ein gott
unendlicher
tod eines endlichen menschen
unmenschlicher tod
meiner[2]

Hier nun sieht man Jesus von vorn, frontal, und man läßt vor dem eigenen geistigen Auge das aufscheinen, was die Zeilen nur evozieren: Gemälde mit Kreuzigungsszenen, Matthias Grünewald vielleicht, oder eine Skulptur des Veit Stoß, in der die Blutstropfen geradezu aus dem Holz herausziseliert zu sein scheinen.

Ist dies also ein Jesusbild, das in unsere Zeit paßt? Sprachstark, aber doch subjektiv und verhüllend genug, um das eigene Gehirnkino zu aktivieren?

Oder sollte man es so machen wie der Autor eines anderen Bestsellers der jüngsten Vergangenheit, *Gerald Messadié*, in seinem Roman »*Ein Mensch namens Jesus*«? Denn da erfährt man, wie der junge Mann Jesus aussah:

[2] Christa Harnisch, Vollbracht, in: Carsten Peter Thiede (Hrsg.), Christlicher Glaube und Literatur 1, Wuppertal 1987, S. 29f

18

»Alles Jünglingshafte an ihm war nun endgültig verschwunden. Die Haut war sonnengebräunt, der Bart dicht, der Körper muskulös, und auch die letzte Anmut der Jugend war dahin.

Die Mütter betrachteten ihn voll Interesse, die Mädchen ebenso. Basen gab es keine, nicht einmal entfernt verwandte, dabei stand in nächster Zeit eine gutgehende Werkstatt als Erbteil in Aussicht. Es kam zu ersten Annäherungsversuchen, oft unter der zögernden Mitwirkung des Rabbiners. Persönliches wurde diplomatisch mit Geschäftlichem verbunden. Aber Josef war taub, und Jesus zeigte sich abweisend. Die Verärgerung beim einen oder anderen über sein Verhalten ließ einiges Gerede aufkommen. Maria war darüber beunruhigt.

›Ist es nicht Zeit, eine Frau zu nehmen?‹ fragte sie. ›Die Leute zerreißen sich schon die Mäuler.‹

›Ich werde darüber nachdenken.‹

›Hast du ein unerreichbares Mädchen im Kopf?‹

›Nein.‹

›Sagt dir denn keines der Mädchen zu, die man dir zur Frau anbot?‹

›Sie sagen mir alle zu, aber ich will nicht heiraten.‹

›Selbst die Propheten haben geheiratet.‹

›Die Essener nehmen sich keine Frau.‹

›Die Essener?‹ fragte Maria verdutzt zurück.

Es gelang ihr, sich bei Josef in dieser Angelegenheit Gehör zu verschaffen. Lange gab er ihr keine Antwort, dann sagte er: ›Wenn ein Baum seine Früchte im Winter trägt, werden die Vögel sie fressen.‹

Sie war betrübt.

›Der Gärtner‹, fuhr er fort, ›weiß, in welcher Jahreszeit er säen muß, um die Früchte zu ernten. Der Wind dagegen sät aufs Geratewohl.‹«[3]

Vielleicht so doch nicht. Solche plumpe Direktheit und willkürlich herangezogene Sentenzenhaftigkeit mögen dem Niveau beliebiger Unterhaltungsliteratur entsprechen, können aber kein nachvollziehbares Jesus-Bild entstehen lassen. Um so schlimmer denn auch, wenn Messadié sogar den Anspruch erhebt, wissenschaftlich

---

[3] Gerald Messadié, Ein Mensch namens Jesus, München 1989, S. 164

geforscht zu haben. In einem sechsunddreißigseitigen Nachwort legt er dar, wie er zu seinem Jesus-Bild gekommen ist, verlegt dabei aber die Kreuzigung Jesu ins Jahr 34 und die Zerstörung Jerusalems ins Jahr 79, hält das apokryphe *Thomas-Evangelium* für glaubwürdiger als die kanonischen Schriften des Neuen Testaments, versteht offensichtlich nichts von den biblischen Sprachen und hat eine Kenntnis der Essener, die ein wenig unterhalb des Volkshochschul-Niveaus angesiedelt sein dürfte. Das Ergebnis ist ein flott und zum Teil reißerisch geschriebener Unterhaltungsroman, in dem Jesus dann konsequenterweise gar nicht mehr am Kreuz stirbt, und man könnte darüber zur Tagesordnung übergehen, wenn nicht der Bestsellererfolg und der wissenschaftliche Anspruch Schaden anrichteten.

Es ist eine schwierige Zeit. Die historische Forschung schwankt zwischen einem immer mehr im Ungefähren verschwindenden Jesus-Bild auf der einen Seite und immer dichter werdenden Detailkenntnissen über Jesus und sein Umfeld auf der anderen. In die Öffentlichkeit, auch in die lesende Öffentlichkeit, dringt zuerst immer nur das Plakative, je dilettantischer, desto besser. Und über allem steht der Wunsch nach Visualisierung. Glaubt doch, nach Umfrageergebnissen, eine beachtliche Mehrheit unserer Zeitgenossen allem, was im Fernsehen vorkommt, seien es nun die Nachrichten oder Dokumentationen, nicht etwa, weil es nachprüfbar wahr ist, sondern eben, weil es im Fernsehen vorkommt.

Daher auch vor einigen Jahren in Großbritannien die verständliche, das ganze Land ergreifende Aufregung über die Fernsehserie »*Jesus – The Evidence*«, in der unter dem Anspruch wissenschaftlicher Beweisführung so ziemlich jeder Unsinn zusammengetragen wurde, der jemals über Jesus verbreitet wurde – bis hin zu der These eines Londoner Germanisten, die dieser aus den Paulusbriefen ableiten wollte, daß Jesus in Wirklichkeit nie gelebt habe. Was wiederum an den alten Scherz erinnerte: »Daß Jesus gekreuzigt wurde, wissen wir. Aber ob er jemals geboren wurde, das können wir nicht sagen.«

Welches Bild er abgab, wie er aussah, das allerdings können wir auch nicht sagen – trotz des muskulösen Körpers, über den Gerald Messadié so gut informiert ist.

Man kann sich natürlich auf den Standpunkt des »ungläubigen Thomas« stellen und alles genau sehen wollen. Nur den eigenen Augen trauen – was ich sehe, das glaube ich. Dieses Verlangen nach dem authentischen Bild tritt in der aktuellen Debatte um das Grabtuch von Turin stellvertretend hervor. Für die einen ist das Tuch unzweifelhaft echt, haben doch die Pollenanalyse und die Datierung der Münzen auf den Augen des Mannes im Tuch eindeutig ins 1. nachchristliche Jahrhundert gewiesen und konnte doch auch festgestellt werden, daß die Darstellung nicht mit den technischen Hilfsmitteln antiker oder mittelalterlicher Kunst von Menschenhand herzustellen war. Dagegen stand lange Zeit das Prinzip der Gegner, »daß nicht sein kann, was nicht sein darf«, und kürzlich dann die Carbon-14-Analyse, die nachwies, daß das Tuch doch erst aus dem Mittelalter stamme.

Schade nur, daß sich inzwischen herausstellte – beteiligte Wissenschaftler haben es selbst zugegeben –, daß bei dieser C-14- Analyse manipuliert worden war. Man hatte die Stoffproben Stellen entnommen, die bei einem Brand im Mittelalter durch Feuer und Löschwasser beschädigt worden waren. So war denn eine mittelalterliche Datierung geradezu programmiert.

Das Turiner Tuch also doch als Antwort auf die Frage nach dem Jesus-Bild, an das sich auch die Literatur zu halten hätte?

Selbst wenn die Echtheit eines Tages unverrückbar feststehen sollte, wäre es so einfach nicht. Man blicke nur einmal in einen Roman wie *Gertrud von Le Forts »Das Schweißtuch der Veronika«*, in dem das wahre Bild Jesu die Titelthematik abgibt, um zu sehen, daß große Literatur so einfach nicht funktioniert. Oder erinnern wir uns des Gedichts *Wilhelm Bruners'* vom Anfang: Jesus von vorn – dieses Bild wird ausgespart.

Die wirkliche, die tiefere Problematik eines literarischen Jesus-*Bildes* wird am Turiner Tuch schon paradigmatisch ablesbar. Welcher Jesus ist es denn, der das wäre, wenn es in der Tat Jesus wäre? Das Neue Testament verzichtet darauf, ein physisches Jesus-Bild zu entwickeln. Jesus wirkt durch das, was er tut und sagt und wie er es tut und sagt. Das Bild des Heilenden, des Helfenden, des Wundertäters wird gezeichnet, das Bild des Wanderrabbis, der seine Schüler lehrt und die Menschen unterrichtet, das Bild des einen Menschen,

der als Sohn Gottes für die Sünden aller Menschen stirbt und wieder
aufersteht, dessen Grab leer ist, der seinen Anhängern noch mehrmals erscheint und der dann mit der Himmelfahrt sein irdisches,
physisch greifbares Auftreten beendet. Dieses Jesus-Bild wird gezeichnet, aus vier verschiedenen Perspektiven, denen des *Markus*,
Matthäus, Lukas und *Johannes*, und man müßte noch die fünfte Perspektive des späteren, langen Markus-Schlusses hinzuzählen und
die Perspektiven des Paulus und des Petrus – der eine, *Petrus*, als
Augenzeuge hinter dem Markus-Evangelium stehend, der andere,
Paulus, mit dem Anspruch, konkrete Visionen des Auferstandenen,
ja Begegnungen mit ihm gehabt zu haben.

Nicht gezeichnet wird jedoch das Bild eines großen oder kleinen,
bärtigen oder naßrasierten, muskulös durchtrainierten oder gelehr-
tenhaft gebeugten Jesus. Hatte er braune Augen oder blaue, eine
kräftige Stimme oder eine milde, einen festen Händedruck oder einen weichen? Welchen Jesus hätten wir gern in unseren Romanen,
Gedichten oder Dramen? Den attraktiven, verwirrten Frauenliebling aus *Nikos Kazantzakis »Letzter Versuchung«*, den exotischen
Träumer aus *Günter Herburgers »Jesus in Osaka«*, den zarten, ver-
krüppelten aus *Walter Jens' »Herr Meister«*?

Ich denke, der Dramatiker und Lyriker *Albrecht Haushofer*, 1945
als Widerständler gegen den Nationalsozialismus ermordet, ist mit
einem seiner Sonette dem Kern der Frage sehr nahe gekommen.
»Qui resurrexit« heißt dieses Sonett:

> In tausend Bildern hab ich Ihn gesehn.
> Als Weltenrichter, zornig und erhaben,
> als Dorngekrönten, als Madonnenknaben, –
> doch keines wollte ganz in mir bestehn.
>
> Jetzt fühl ich, daß nur eines gültig ist:
> Wie sich dem Meister Mathis Er gezeigt –
> doch nicht der Fahle, der zum Tod sich neigt –
> der Lichtumfloßne: dieser ist der Christ.
>
> Nicht Menschenkunst allein hat so gemalt.
> Dem Grabesdunkel schwerelos entschwebend,
> das Haupt mit goldnem Leuchten rings umwebend.

Von allen Farben geisterhaft umstrahlt,
noch immer Wesen, dennoch grenzenlos,
fährt Gottes Sohn empor zu Gottes Schoß.[4]

Der hier beschriebene Jesus, der Auferstehende, ist zwar im Gemälde festgehalten, aber er ist nicht festgemacht, nicht festgelegt: Er ist
hier »der Lichtumfloßne«, er ist »von allen Farben geisterhaft umstrahlt«, er ist »noch immer Wesen, dennoch grenzenlos«, es ist
Gottes Sohn, der zu Gottes Schoß emporfährt.

Genau dies ist die Erkenntnis, von der auch die Zurückhaltung
der ältesten christlichen Literatur geprägt ist, diejenige des Neuen
Testaments. Denn geschrieben wurden diese Texte ja unter dem
Eindruck des Auferstehungs-Geschehens und Jahre nach der Himmelfahrt. Fährt Gottes Sohn empor zum Vater, ist der Mensch Jesus
also nicht mehr irdisch-dinglich greifbar, dann allerdings gilt, aus
der wörtlich verstandenen Direktive des Dekalogs heraus, daß man
sich kein Bild machen dürfe.

Mehr noch: Ein solches Bild wäre Gefahr gelaufen, in die Irre zu
führen. Wußten doch die Zeitzeugen und wissen wir aus den Berichten des Neuen Testaments, daß der Auferstandene nicht mehr
das äußere Erscheinungsbild des Menschen Jesus hatte. Paradigmatisch ist der Bericht in *Johannes* 20,11-18:

»Maria aber stand draußen vor dem Grab und weinte. Als sie nun
weinte, schaute sie in das Grab und sieht zwei Engel in weißen Ge-
wändern sitzen, einen zu Häupten und den andern zu den Füßen,
wo sie den Leichnam Jesu hingelegt hatten.

Und die sprachen zu ihr: Frau, was weinst du? Sie spricht zu ihnen: Sie haben meinen Herrn weggenommen, und ich weiß nicht,
wo sie ihn hingelegt haben.

Und als sie das sagte, wandte sie sich um und sieht Jesus stehen
und weiß nicht, daß es Jesus ist.

Spricht Jesus zu ihr: Frau, was weinst du? Wen suchst du? Sie
meint, es sei der Gärtner, und spricht zu ihm: Herr, hast du ihn weg-
getragen, so sage mir, wo du ihn hingelegt hast; dann will ich ihn
holen.

---

4 Albrecht Haushofer, Qui resurrexit, in: Moabiter Sonette, Berlin 1946

Spricht Jesus zu ihr: Maria! Da wandte sie sich um und spricht zu ihm auf hebräisch: Rabbuni!, das heißt: Meister!

Spricht Jesus zu ihr: Rühre mich nicht an! denn ich bin noch nicht aufgefahren zum Vater. Geh aber hin zu meinen Brüdern und sage ihnen: Ich fahre auf zu meinem Vater und zu eurem Vater, zu meinem Gott und zu eurem Gott.

Maria von Magdala geht und verkündigt den Jüngern: Ich habe den Herrn gesehen, und das hat er zu mir gesagt.«

Gerald Messadié hat dazu übrigens im Anhang zu seinem Roman einen genialen Lösungsvorschlag: Maria aus Magdala hat Jesus deswegen nicht erkannt und für einen Gärtner gehalten, weil er wie Gärtner damals keinen Bart mehr trug. Wie sich Klein-Fritzchen die Kriminalgeschichte des Christentums vorstellt: Bart ab, und schon bin ich selbst für engste Vertraute aus nächster Nähe nicht mehr zu erkennen. Schade, daß Jesus auf diesen Gedanken nicht schon im Garten Gethsemane gekommen war, ehe Judas ihn mit dem Kuß identifizierte.

Auch die Emmaus-Jünger unseres Eingangs-Gedichts von *Wilhelm Bruners* erkennen Jesus nicht mehr am Äußeren, sondern an seinen Worten und Gesten beim Brechen des Brotes. Erst dann, trotz größter Nähe auf dem kilometerlangen Weg. Am Ende des Berichts betonen die Emmaus-Jünger den versammelten anderen gegenüber noch einmal ausdrücklich, daß sie Jesus nicht am Aussehen, sondern an seinem Tun erkannt haben. *Lukas 24,13-35:*

»Und siehe, zwei von ihnen gingen an demselben Tage in ein Dorf, das war von Jerusalem etwa zwei Wegstunden entfernt; dessen Name ist Emmaus.

Und sie redeten miteinander von allen diesen Geschichten.

Und es geschah, als sie so redeten und sich miteinander besprachen, da nahte sich Jesus selbst und ging mit ihnen.

Aber ihre Augen wurden gehalten, daß sie ihn nicht (!) erkannten.

Er sprach aber zu ihnen: Was sind das für Dinge, die ihr miteinander verhandelt unterwegs?

Da blieben sie traurig stehen. Und der eine, mit Namen Kleopas, antwortete und sprach zu ihm: Bist du der einzige unter den Fremden in Jerusalem, der nicht weiß, was in diesen Tagen dort geschehen ist?

24

Und er sprach zu ihnen: Was denn?

Sie aber sprachen zu ihm: Das mit Jesus von Nazareth, der ein Prophet war, mächtig in Taten und Worten vor Gott und allem Volk; wie ihn unsre Hohenpriester und Oberen zur Todesstrafe überantwortet und gekreuzigt haben. Wir aber hofften, er sei es, der Israel erlösen werde. Und über das alles ist heute der dritte Tag, daß dies geschehen ist.

Auch haben uns erschreckt einige Frauen aus unserer Mitte, die sind früh bei dem Grab gewesen, haben seinen Leib nicht gefunden, kommen und sagen, sie haben eine Erscheinung von Engeln gesehen, die sagen, er lebe.

Und einige von uns gingen hin zum Grab und fanden's so, wie die Frauen sagten; aber ihn sahen sie nicht.

Und er sprach zu ihnen: O ihr Toren, zu trägen Herzens, all dem zu glauben, was die Propheten geredet haben! Mußte nicht Christus dies erleiden und in seine Herrlichkeit eingehen? Und er fing an bei Mose und allen Propheten und legte ihnen aus, was in der ganzen Schrift von ihm gesagt war.

Und sie kamen nahe an das Dorf, wo sie hingingen. Und er stellte sich, als wollte er weitergehen.

Und sie nötigten ihn und sprachen: Bleibe bei uns; denn es will Abend werden, und der Tag hat sich geneigt.

Und er ging hinein, bei ihnen zu bleiben.

Und es geschah, als er mit ihnen zu Tisch saß, nahm er das Brot, dankte, brach's und gab's ihnen.

Da (!) wurden ihre Augen geöffnet, und (!) sie erkannten (!) ihn. Und er verschwand vor ihnen.

Und sie sprachen untereinander: Brannte nicht unser Herz in uns, als er mit uns redete auf dem Wege und uns die Schrift öffnete? Und sie standen auf zu derselben Stunde, kehrten zurück nach Jerusalem und fanden die Elf versammelt und die bei ihnen waren; die sprachen: Der Herr ist wahrhaftig auferstanden und Simon erschienen.«

Das ist, man muß es so deutlich sagen, große erzählerische Literatur. Ein lebendiges, ein nachvollziehbares, greifbares und nachwirkendes Jesus-Bild, das ohne Bild auskommt. Kein Wort zuviel, keine effekthaschende Ausschmückung, und doch so präzise, daß man noch heute meint, den Atem der Augenzeugen zu spüren. Geschichtsschreibung als Literatur: So kann es auch gehen. Ebenso ließe sich zeigen, wie gerade *Lukas* und auch *Markus* virtuos mit den literarischen Gestaltungsmitteln ihrer Zeit umgehen, ohne auch nur ein einziges Mal den Boden des geschichtlichen Geschehens zu verlassen.

Noch ein drittes Beispiel – von einer Begegnung nicht nur mit dem Auferstandenen, sondern mit dem bereits in den Himmel Aufgefahrenen. Es ist der Bericht des Paulus von seinem Damaskus-Erlebnis, *Apostelgeschichte* 9,3-9:

»Als er aber auf dem Wege war und in die Nähe von Damaskus kam, umleuchtete ihn plötzlich ein Licht vom Himmel; und er fiel auf die Erde und hörte eine Stimme, die sprach zu ihm: Saul, Saul, was verfolgst du mich?

Er aber sprach: Herr, wer bist du?

Der sprach: Ich bin Jesus, den du verfolgst. Steh auf und geh in die Stadt, da wird man dir sagen, was du tun sollst.

Die Männer aber, die seine Gefährten waren, standen sprachlos da; denn sie hörten zwar die Stimme, aber sahen niemanden.

Saulus aber richtete sich auf von der Erde; und als er seine Augen aufschlug, sah er nichts.

Sie nahmen ihn aber bei der Hand und führten ihn nach Damaskus; und er konnte drei Tage nicht sehen und aß nicht und trank nicht.«

So wichtig war dem *Paulus* dieses Erlebnis, daß er selbst es bei zwei anderen Anlässen erzählt (vgl. Apostelgeschichte 22,6-11 und 26,12-20). In allen drei Berichten fragt Paulus den ihm Erscheinenden: »Herr, wer bist du?« Und er betont, daß keiner der anderen, die ihn begleiteten, jemanden sahen. Was auch immer also Paulus selbst in dem Licht des Himmels sah, das ihm erschien, er konnte es nicht einordnen in das, was er vom Aussehen des irdischen Jesus, den er ja nicht gekannt hatte, gehört haben mag. Die Worte Jesu sind es, die entscheiden. Und in der Tat verzichtet ja auch Paulus darauf, die Erscheinung zu beschreiben. Ihre ungeheure Wirkung wird allein dadurch verdeutlicht, daß er danach drei Tage lang nicht sehen konnte. Klarer kann man ein Nein zur konkreten Verdingbildlichung des auferstandenen und aufgefahrenen Jesus – so und nicht anders habe er ausgesehen – kaum noch aussprechen.

Im letzten Buch des Neuen Testaments, der Offenbarung des Johannes, wird – scheinbar im Gegensatz dazu – eine Beschreibung des dem Johannes erscheinenden Menschensohnes unternommen. Aber sehen wir genau hin – es ist das Gegenteil eines Porträts, das da vor unseren Augen erscheint, *Offenbarung* 1,12-18:

»Und ich wandte mich um, zu sehen nach der Stimme, die mit mir redete. Und als ich mich umwandte, sah ich sieben goldene Leuchter und mitten unter den Leuchtern einen, der war einem Menschensohn gleich, angetan mit einem langen Gewand und gegürtet um die Brust mit einem goldenen Gürtel.

Sein Haupt aber und sein Haar waren weiß wie weiße Wolle, wie der Schnee, und seine Augen wie eine Feuerflamme und seine Füße wie Golderz, das im Ofen glüht, und seine Stimme wie großes Wasserrauschen;

und er hatte sieben Sterne in seiner rechten Hand, und aus seinem Munde ging ein scharfes, zweischneidiges Schwert, und sein Angesicht leuchtete, wie die Sonne scheint in ihrer Macht.

Und als ich ihn sah, fiel ich zu seinen Füßen wie tot;

und er legte seine rechte Hand auf mich und sprach zu mir: Fürchte dich nicht! Ich bin der Erste und der Letzte und der Lebendige. Ich war tot, und siehe, ich bin lebendig von Ewigkeit zu Ewigkeit und habe die Schlüssel des Todes und der Hölle.«

Vergleiche ungeheurer Bildkraft werden formuliert, fast meint man, die Feder müsse dem Schreibenden versagen, und so gewaltig ist dieser Anblick, daß der Schreiber »wie tot« umfällt.

Manfred Haushofers Sonett über *Grünewalds* Gemälde bietet sich noch einmal an: »Der Lichtumfloßne, dieser ist der Christ.« Und: »Noch immer Wesen, dennoch grenzenlos.«

Was also wäre, vor diesem Hintergrund, die *potentielle* Gefahr eines sich authentisch gebenden Jesus-Bildes, wie wir es im Neuen Testament nicht haben, jedoch im Grabtuch von Turin? Es wäre die Gefahr, sich einen wirklichen Jesus vorzustellen, den es für einen Moment in der Geschichte so gegeben haben mag – nämlich für den Moment der Auferstehung gewissermaßen durch das Tuch hindurch, den es aber in keinem weiteren Augenblick danach mehr *so* gab, und zwar eindeutig und nachweislich nicht, wie ich gerade gezeigt habe. Der Jesus Christus, den die Gläubigen erwarten – die Christen bei seiner Wiederkunft, die Juden aus ihrer Sicht zum ersten Mal als Messias, dieser Christus wird nicht so aussehen wie die Gestalt des Grabtuchs oder irgendeine andere Christus-Darstellung. Diejenigen, die auf einen Christus warten, der so aussieht, werden ihn nicht erkennen. Erkennen werden ihn die, die auf seine Worte hören und auf seine Taten achten.

Die frühe christliche Kunst hat Christus deswegen stets idealtypisch dargestellt. Als bartlosen Jüngling, oder, in der Zeit der Evangelisierung des Imperiums, als Helios, mitunter auch mit dem idealisierten Bart des Philosophen. Niemand wäre auf den Gedanken gekommen, solche Darstellungen meinten den irdischen Jesus. Die Botschaft war stets eine andere, eine in die konkreten Bedürfnisse der Zeit hinein gerichtete. So, und nur so, konnte man Jesus auch als Sonnengott – als Helios – darstellen, wie in den Katakomben unter dem Vatikan, um zu zeigen, daß dieser Christus der wahre Gott ist, der an die Stelle der alten Mythen trat. So, und nur so konnte man Maria und den Jesus-Knaben wie Isis und Osiris darstellen: Seht her, was damals nur Mythos war, ist jetzt historische Wirklichkeit geworden. Spuren davon sieht man noch bei einem der großen Künstler der Renaissance, bei Michelangelo. Seine Pietà in der Peterskirche zeigt eine Maria, die höchstens gleichaltrig mit dem toten Jesus ist, den sie in ihren Armen hält, eher jünger. War Michelangelo so naiv, daß er es nicht besser wußte? Nein, seine Maria erhebt nicht den Anspruch, wahrhaftes Abbild zu sein, sie ist Symbol, das heißt hier, sie nimmt über ihre Geschichtlichkeit hinaus zeitlose idealtypische Bedeutung an, auch als Botschaft in die Epoche der Renaissance hinein.

Halten wir aber fest, daß es nie, zu keiner Zeit, Anspruch der christlichen Geschichtsschreibung, Kunst und Literatur war, vom physischen Bild Jesu zu wissen und es darzustellen. Anderes ist Ausnahme, nicht mehr und nicht weniger.

Kann dies aber auch eine Maxime der doch so stark visuell orientierten Gegenwartsliteratur sein? Bestünde dann nicht umgekehrt die Gefahr, abzuheben in die wolkenhafte, jeder historischen Grundlage entzogene Utopie, wie sie etwa *Franz Alt* in »*Jesus – der erste neue Mann*« entwirft?

Es gibt trotz allem einen dritten Weg. Mir ist er zum ersten Mal in einem jahrzehntealten Film aufgefallen, den man in diesem Zusammenhang sicher kaum vermuten würde: »Ben Hur«. In diesem Film, der ja auf einen Roman zurückgreift, spielt Jesus eine zentrale Rolle. Er erscheint auch immer wieder, als eine Person der Handlung. Aber er ist nie von vorn zu sehen. Stets ist der Blickwinkel der Kamera so gewählt, daß man zwar genau weiß, wo er ist, daß man die Worte hört und die Handlungen und ihre Folgen beobachtet. Aber kein Schauspieler ist zu erkennen, der Jesus darstellt. Und dennoch hat dieser Film in der Geschichte der Cinematographie stärkere, nachhaltigere Spuren hinterlassen als irgendeines der Film-Epen, in denen Jesus geschauspielert wird. »Selig sind, die nicht sehen und doch glauben«, heißt es dazu bei Johannes 20,29.

Dem Typ des Jesus-Bildes in der neueren Literatur, das ich für prägend und den Anfängen am ehesten gerecht werdend halte, kommt ein Werk sehr nahe, das ich eingangs nannte: *Gerd Theißens »Der Schatten des Galiläers«*. Aber es kommt ihm noch nicht nahe genug. Denn es ist – der Titel sagt es ja unmißverständlich – nur der Schatten, den wir da sehen. Charakteristisch für dieses Ausbleiben größerer Nähe, das ja vom Autor gewollt ist, mag der Anfang des 13. Kapitels sein:

»Obwohl wir überall nach Jesus fragten, sind wir ihm nirgendwo begegnet. Wir fanden ihn weder auf dem Weg nach Bethsaida noch auf dem Rückweg, als wir den galiläischen See entlang nach Tiberias zogen. Alle hatten wohl von ihm gehört, viele ihn gesehen. Fast schien es, als sei er überall gewesen. Wenn man den Gerüchten über seinen jeweiligen Aufenthaltsort glaubte, hätte man annehmen können, er bewege sich unglaublich schnell von Ort zu Ort. Kein Wunder, daß uns jemand erzählte, er könnte über Wasser laufen! Deswegen tauchte er an manchen Orten unvermutet auf und sei bald wieder verschwunden. Ein anderes Rätsel war, wie er so viele Leute ernähren konnte, die mit ihm durchs Land zogen. Das Volk raunte sich zu, er könne Brot vermehren. An einem Ort erzählte man von sieben Broten für 4000 Leute. An einem anderen Ort waren es fünf Brote für 5000. Natürlich glaubte ich kein Wort davon. Bei diesem Jesus schien alles möglich. Das Volk meinte wohl: Wenn jemand Kranke gesund macht, dann ist ihm alles zuzutrauen. All diese Wundergeschichten konnten nur entstehen, weil er schon im Rufe eines Wundertäters stand.

Für eines dieser Wunder habe ich vielleicht eine Erklärung gefunden, bin mir aber nicht sicher. Als wir nach Tiberias kamen, brachten wir unser Gepäck in unsere dortige Filiale. Timon und Malchos blieben zurück. Ich begab mich zum Hause des Chusa. Es war ein modernes Haus im griechisch-römischen Stil: Mehrere Zimmer umgaben ein Atrium mit Säulen. In einem zweiten Stockwerk lag ein Aufenthaltsraum, der einen herrlichen Blick über den galiläischen See freigab. Dort saß ich mit Johanna und wartete auf Chusa, der jeden Moment von den Landgütern des Antipas zurückkehren mußte.

Ich lenkte das Gespräch bald auf Jesus. Johanna hatte mir ja als erste von ihm erzählt. Ich traute meinen Ohren nicht, als ich hörte, sie würde Jesus unterstützen. Unbefangen erzählte sie:

›Ich schicke ihm Geld und Lebensmittel. Mein Mann weiß es nicht. Du darfst ihm nichts verraten. Wenn es möglich ist, suche ich Jesus auf, um seine Worte zu hören.‹

Alle Anhänger Jesu, die ich bisher getroffen hatte, waren kleine Leute. Johanna aber gehörte zur Oberschicht. Ich fragte:

›Gibt es noch andere wohlhabende Leute, die ihn unterstützen?‹

›Einige wenige. Er erhält von überall Unterstützung.‹

›Aber dann stimmt ja nicht, was die Leute erzählen: Er würde mit magischen Fähigkeiten seine Anhänger ernähren! Ich habe ganz unwahrscheinliche Geschichten gehört. Er soll sogar Brot vermehrt haben!‹

›Die Leute erzählen viel. Ich kann dir nur sagen, was ich weiß: Wenn ich oder andere ihm Lebensmittel schicken, Brote, Fische und Früchte, und meine Leute holen sie plötzlich heraus, dann erscheint es der Menge wie ein Wunder, daß so viel zu essen vorhanden ist. Diese armen Leute haben oft noch nie so viel Lebensmittel auf einmal gesehen. Wenn man so will, geschieht auch tatsächlich ein Wunder.‹

›Wieso?‹

›Wenn die Leute erst einmal glauben, daß genügend Brot für alle da ist, verlieren sie die Angst vor dem Hunger. Dann holen sie die Brotreserven heraus, die sie versteckt hielten, um nicht mit anderen teilen zu müssen. Sie geben von ihrem Brot ab. Sie haben keine Angst mehr, zu kurz zu kommen.‹

›Meinst du, die Geschichte von der wunderbaren Brotvermehrung läßt sich so erklären?‹

›Nicht direkt. Man kann nicht sagen: Hier oder dort ist sie geschehen. Die Leute erleben immer wieder bei Jesus, daß er in überraschender Weise Unterstützung findet, ohne zu arbeiten, zu betteln oder zu organisieren!‹

›Aber könnte dann nicht einer auf den Gedanken kommen, man müsse überall im Land das Brot gleichmäßig verteilen?‹

›Natürlich! Die Leute hoffen darauf. Einige erwarten sehnsüchtig, daß Jesus als Messias hervortritt. Daß er Gerechtigkeit herstellt. Daß er für Fruchtbarkeit sorgt. Daß er alles zum Guten wendet und die Römer vertreibt.‹

›Aber dann ist er ja gefährlich!‹

Ich konnte nicht ausreden. Wir hörten Chusa kommen.«[5]

Ein klassisches Beispiel dafür, wie – gegen alle historische Wahrscheinlichkeit – jemand, der es versucht, Jesus doch nicht begegnen kann, und wie gewissermaßen aus sicherer Entfernung lässig und scheinbar plausibel das eine oder andere Wunder weganalysiert wird. Selbst in einer Fußnote verschweigt Theißen, daß es für die beiden Speisungen, zuerst mit 5 Broten für 5000 Menschen (Markus 6,35-44), dann mit 7 Broten für 4000 Menschen (Markus 8,1-9) philologisch und topographisch genauestens zu belegende Umfeldplausibilität gibt, die zumindest eines *ausschließt*: ahistorisches, rein literarisches Legendenwachstum.

Theißens Versuch bleibt gleichwohl exemplarisch. Er hat es riskiert, sich Jesus von außen zu nähern, ohne Äußerliches zu zeigen, um ihm damit von innen nahezukommen, ohne in Innerlichkeit abzugleiten.

Es gibt nun allerdings eine große christliche Schriftstellerin unserer Zeit, die dem Ideal, wie ich es sehe, noch etwas näher gekommen ist: *Gertrud Fussenegger*. Ich denke dabei vor allem an ihren 1983 erschienenen Roman »*Sie waren Zeitgenossen*«. Drei Jahre vor Gerd Theißen unternahm sie den Versuch, aus Äußerungen von Perso-

[5] Gerd Theißen, Der Schatten des Galiläers, München 1986 (⁸1989), S. 166-169

nen der Umwelt Jesu eine literarische Rekonstruktion der Ereignisse seiner Zeit herzustellen. Fiktiver als Theißen insofern, als sie, wie in einem Roman völlig legitim, Texte und Dokumente entwirft und historischen Gestalten in den Mund legt, während Theißen viel enger am aus seiner Sicht durch Quellen Dokumentierten blieb. Zugleich aber auch weniger fiktiv als Theißen, indem sie Autoren wie Flavius Josephus nicht nur zu Gewährsleuten ihrer Dichtung macht, sondern sie zitierend integriert. Bei ihr entsteht ein buntgewirktes, brillant geschriebenes Panorama der Zeit, aller Gesellschaftsschichten, mit denen Jesus in Berührung kam, aller Nöte und Freuden, von denen sie bewegt wurden, aller Finten und Finessen, mit denen sie operierten. Und doch hat man nie den Eindruck, hilflos der dichterischen Phantasie ausgeliefert zu sein. Von einer Szene im ersten Teil abgesehen, wo der Zwölfjährige ein Gespräch führt, tritt Jesus nie auf, aber anders als bei Theißen ist er stets da, spürt man nicht seinen Schatten, sondern sein Licht. Ein Textbeispiel – Fusseneggers Darstellung des Speisungswunders, auch im Kontrast zu Theißen:

»Zu meiner Überraschung hat sich Eljakim an meinen gestrigen Erlebnissen sehr wenig interessiert gezeigt. Er unterbrach mich einigemale und versuchte, mich mit spöttischen Fragen aus dem Konzept zu bringen. In düsterer Laune begab er sich zu Tisch. Schweigend nahmen wir unsere Mahlzeit ein. Danach versuchte ich ihn in ein anderes Gespräch zu verwickeln. Er aber blieb einsilbig. Plötzlich erhob er sich und begann in der Laube hinter dem Haus, wo wir gegessen hatten, mit großen heftigen Schritten auf und ab zu schreiten. Von Zeit zu Zeit griff er sich eine Granatfrucht aus dem Korb und schleuderte sie hinaus in den Garten, als wären die Früchte Steine, mit denen er nach unbekannten Feinden zielte.

Dann begann er zu reden: – Lehr mich die Menschen kennen, die Menge lehr mich kennen, Blinde, Taube, Blöde, die jedem Blendwerk erliegen, jedem Verführer auf den Leim gehn, das Tollste für wahr halten und das Vernünftigste von sich schütteln wie einen Skorpion. Lehr sie mich kennen, die Menschen unseres Volkes, dieses warmen, verzweifelten, immer wundergläubigen Volkes . . . Seit zwei Jahrtausenden schleppt es sich durch die Geschichte im Fieberwahn seiner Hoffnungen. –

Jaja, er, Eljakim, wisse, wovon er spreche . . . (und wieder schleuderte er die Granatfrüchte, mit einer Kraft und einer Wut, die einer besseren Sache würdig gewesen wäre!) wovon er spreche, wenn er diesen Fall der Sättigung in der Wüste als Finte und Betrug bezeichne, als Täuschung, in der jeder vom anderen und alle zusammen von Einem getäuscht worden seien.

Er, Eljakim, so fuhr er fort, habe schon gestern von dem Ereignis da oben in den Hügeln gehört: von Nachbarn, Dienstboten und so fort, nun sei auch ich ihm mit dieser Lügenmär gekommen. Er habe den Vorgang durchschaut. Er könne ihn durchaus erklären. – Nun? fragte ich und blickte ihn erwartungsvoll an.

Meine Neugier schien ihm zu schmeicheln. Seine Laune heiterte sich auf. Er setzte sich zurück an den Tisch. – Fürs erste, sagte er, eine ganz gewöhnliche Sache: Ein Prediger spricht. Man sammelt sich um ihn. Vielleicht spricht er gut. Darum sammeln sich viele. Der Prediger redet und redet. Aber weil er redet, was nicht alle hören sollen, zieht er mit seinen Zuhörern hinaus in unbebautes Land, in die Wüste. Dort ist er allein mit ihnen, die ihm Glauben schenken, allein mit seinen Gläubigen, allein mit seiner Gemeinde. –

– Und weiter? –

– Stunden vergehen. Tage vergehen. Der Prediger redet noch immer. Die Leute beginnen zu dürsten, zu hungern, sie sind matt. Sie möchten essen und trinken und möchten sich erholen. Aber keiner wagt, seinen Mundvorrat hervorzuziehen. Denn – natürlich haben sie alle ihren Mundvorrat bei sich. Kein Wüstenanrainer wird jemals in die Wüste gehen, ohne sich nicht eine Wasserflasche und Brot, ein paar Datteln oder Fische in den Ranzen zu stecken. –

– Mag sein. Aber –

– Aber! Da liegt der Hund begraben. Man mißtraut einander. Keiner will als erster die Flasche ziehen. Keiner als erster nach seinem Fladen greifen. Denn weiß er, weiß er denn mit Gewißheit, daß auch der Nachbar versehen ist? Nein. Er weiß es nicht. Doch in dem Augenblick, da er seinen Ranzen auspackt, könnte jener kommen und sagen: – Gib mir! Teile! – So sitzen sie lieber dürstend und hungernd und warten, bis der Prediger endet.

Schließlich merkt der Mann, was die Stunde schlug. Er wendet sich an den ersten Besten, etwa an einen Knaben: – Sag, hast du nichts bei dir? –

Und der Knabe, der noch kein Arg kennt, zieht in der Tat ein paar Brote hervor. Auch Fische hat er mit . . . er legt sie hin. Der Rabbi lobt ihn. Ein zweiter tut desgleichen. Der Rabbi nickt ihm zu. Ein dritter, vierter, fünfter öffnet sein Bündel. Brot, Fische, Früchte – alles in Fülle. Plötzlich ist jedermann bereit, seinen Ranzen zu leeren. Ein Schmausen beginnt, ein fröhliches Kosten, Teilen, Tauschen . . . Am Ende kommen sich alle beschenkt, in Fülle gelabt und gesättigt vor.

So wird es gewesen sein, schloß Eljakim beinahe triumphierend.

– Darin bestand das Wunder, das Wunder dieses Rabbi – wie sagst du, heißt er? –

– Jeschua. Ich glaube, sie sagten Jeschua. –

Eine Weile schweigen wir. Ich mußte zugeben, Eljakims Erklärung hatte viel für sich. Sie entsprach der Vernunft und der Erfahrung. Dennoch war mir nicht ganz wohl. Ich erinnerte mich der ungeheuren, unfaßlich trunkenen Freude, die den Heimkehrern aus der Wüste ins Gesicht geschrieben gewesen war. Ihre Rufe: – Er hat uns gesättigt, er hat uns alle gesättigt! – tönten mir noch im Ohr. Alles Täuschung? Alles Lüge?«[6]

Genau das ist, meine ich, eines der Kennzeichen großer Jesus-Literatur: sich hineinversetzen in die Zeit, die Menschen, ihre Zweifel, ihre Versuche, dem Unerhörten auszuweichen – aber es eben nicht dabei zu belassen, sondern den Gedankenstrich des Glaubens hinzuzufügen. Nicht den Holzhammer, nicht die Koda, mit der die Katze des Alleswissens aus dem Sack gelassen wird, sondern der Gedankenstrich, mit dem der Leser zugleich ernstgenommen und angeregt wird, weiterzudenken, und, im günstigsten Fall, dann auch einmal weiterzuglauben.

Bei *Gertrud Fussenegger* gibt es, wie bei *Messadié*, eine Beschreibung des Äußeren Jesu. Aber anders als bei Messadié ist sie zurückgenommen auf die subjektive Sicht einer fiktiven Gestalt, des sich an lange Zurückliegendes erinnernden Eljakim ben Joseph, erhebt also nicht wie Messadié den Anspruch des objektivierten »So war es«, und beschrieben wird nicht der adoleszente Frauenliebling oder der bartlose Gärtner usf., sondern der Zwölfjährige, dessen Wir-

---

[6] Gertrud Fussenegger, Sie waren Zeitgenossen, Stuttgart 1983, S. 125-127

kung auf den Berichterstatter erzählerisch gerade durch den scheinbaren Widerspruch zwischen der zarten Knabenhaftigkeit und der Tiefe der Worte unterstrichen wird – just jenes Erstaunen, das im *Lukasevangelium* deutlich wird (Lukas 2,41-48), im Bericht über den zwölfjährigen Jesus im Tempel.

Diese Abschnitte[7] haben bei Gertrud Fussenegger, das sei offen gesagt, nicht die gleiche Prägnanz wie die konzentrierten Passagen der zweiten Hälfte des Buchs. Dem jungen Jesus ist die Autorin, vielleicht befangen in dem Versuch, den auch schon apokryphe Texte des 2. und 3. Jahrhunderts unternahmen – nämlich gerade die Kinderjahre Jesu, die vom Neuen Testament fast völlig ausgespart werden, mit Inhalt zu füllen – dem jungen Jesus also ist Gertrud Fussenegger fast zwangsläufig weniger gerecht geworden als dem Lehrer und Meister der letzten Wirkungsjahre.

Doch auch sie ist ja, wie *Gerd Theißen*, ein Risiko eingegangen. Wahrscheinlich, nein, mit Sicherheit, ist jeder Versuch, Jesus und seine Wirkung literarisch darzustellen, ein Risiko, ein Balanceakt, bei dem man theologisch ebenso schnell wie künstlerisch abstürzen kann. Wer täglich mit dem Neuen Testament arbeitet, der mag vielleicht sogar denken: »Leute, laßt's doch bleiben; den Jesus, den wir heute, auch heute brauchen, haben wir im Neuen Testament, und eine Übersetzung in das Alltagsdeutsch unserer Zeit oder ein guter, alltagstauglicher Kommentar mögen allemal wichtiger sein als ein Roman über Jesus.« Aber wenn es auch durchaus literatur- und kunstkritische Nischen vor allem im Protestantismus gibt, in denen gerne so oder so ähnlich gedacht wird, so müssen wir doch die Aufgabe auch der Literaturkritik und Literaturförderung anders formulieren. Die Entfremdung von der Bibel hat in unserer säkularisierten Gesellschaft unübersehbare Ausmaße angenommen. Man kann zur Bibel zurückführen, natürlich; aber ein Mittel, ein Medium auf diesem Weg ist die Literatur, der es gelingt, ein Jesusbild zu zeichnen, das einem den Mund wäßrig macht, das den Weg zurück zu den Quellen weist.

---

[7] ebenda, S. 213-215

Hartmut Rosenau

Jesus Christus in der Belletristik

Einige grundsätzliche Überlegungen zum Verhältnis von Theologie und Ästhetik

Warum wird Jesus Christus überhaupt zum »Gegenstand« (sujet) belletristischer Darstellung gemacht? Soll und kann er es überhaupt werden? Mit dieser Einleitungsfrage sollen nicht die Romanautoren und -autorinnen zur Rechenschaft gezogen werden, weshalb sie sich einem Thema zuwenden, bei dem man so leicht theologisch wie literaturästhetisch abstürzen kann. Daß die zentrale Gestalt des christlichen Glaubens sowohl wegen ihrer immensen geistesgeschichtlichen wie persönlichen Bedeutung als auch wegen des historischen Halbdunkels, das sie geheimnisvoll umgibt, Schriftsteller und Schriftstellerinnen immer wieder fasziniert und herausfordert, ist verständlich und völlig legitim.

Vielmehr richtet sich die Eingangsfrage an die Theologie als reflexive Sachwalterin des christlichen Glaubens, ob sie aus sich selbst heraus einen Bedarf an belletristischen Jesus-Darstellungen hat, oder ob sie einen *theologischen* Sinn in solchen Unternehmen sehen kann, oder gar eine Notwendigkeit für eine im weitesten Sinne poetische Aufnahme Jesu Christi aus sich heraussetzt. Dazu lautet meine These: Poetische Darstellungen Jesu Christi sind aus inner-theologischen Gründen nicht nur sinnvoll und (etwa religionspädagogisch) wünschenswert, sondern sogar notwendig – unter der Voraussetzung, daß die Theologie ihr ureigenstes Thema verständlich machen will, nämlich das Paradox, daß Gott in Jesus Christus Mensch geworden oder daß das Absolute im Endlichen zu finden ist.

Diese These impliziert natürlich ein ganz bestimmtes Vorverständnis von Theologie wie auch von Poesie, das man nicht teilen muß, das ich aber hier zur Diskussion stellen möchte, indem ich die Eingangsfrage auf die grundsätzlichere Problematik einer theologischen Verhältnisbestimmung von Theologie und Ästhetik beziehe.

Leitend ist dabei die gängige Erklärung von Theologie als *Wissen-*

schaft (logos) von Gott (theos) und von Ästhetik als Veranschaulichung (aisthesis) des Absoluten in der Adäquatheit von Inhalt (Was) und Form (Wie) des Wahrgenommenen.

Um zwischen den beiden so bestimmten Größen eine positive und nicht polemische Beziehung zu gewinnen, müssen einige traditionelle Problemkreise durchschritten werden, die das Verhältnis von Theologie und Ästhetik von Anfang an und immer wieder kennzeichnen. Exemplarisch ist dabei vor allem an das Bilderverbot des Alten Testaments zu denken, das auch den Hintergrund der beiden dogmengeschichtlichen Gigantomachien um den Nutzen und Nachteil der Kunst für den Glauben gebildet hat. Gemeint ist hier der sog. »Bilderstreit« (726-843 n.Chr.) und der sog. »Bildersturm« in Wittenberg (1522).

»Du sollst dir kein Gottesbild (päßel) machen, keinerlei Abbild (temunah), weder dessen, was oben im Himmel, noch dessen, was unten auf Erden, noch dessen, was in den Wassern unter der Erde ist; du sollst sie nicht anbeten und ihnen nicht dienen; denn ich, der Herr, dein Gott, bin ein eifersüchtiger Gott, der die Schuld der Väter heimsucht bis ins dritte und vierte Geschlecht an den Kindern derer, die mich hassen, der aber Gnade übt bis ins tausendste Geschlecht an den Kindern derer, die mich lieben und meine Gebote halten« – lautet in 2. Mose 20,4-6 das Zweite Gebot des Dekalogs (Zürcher Übersetzung).

Ursprünglich verbietet das »Bilderverbot« das Anfertigen von gehauenen, geschnitzten oder gegossenen Standbildern zu kultischen Zwecken (Richter 17,3f), wie es die Heidenvölker rings um Israel getan haben (5. Mose 7,25), wenn z.B. ein Standbild eines Stieres zur Baalsverehrung bei den Kanaanäern dient. So kann später innerhalb der radikalen (Fremd-)Religionskritik des Jeremia das Bild (päßel) mit »Götze« in der Bedeutung des »Nichtigen« (häbäl) gleichgesetzt werden (Jeremia 8,19; 51,52). Das Wesen des Nichtigen aber besteht nicht darin, daß es ganz und gar nichts ist wie ein »hölzernes Eisen« (nihil negativum) – dann bräuchte man nicht davor zu warnen –, sondern darin, daß es das Nichts für das Sein ausgibt (ens imaginarium) oder Sein und Nichtsein trügerisch vermischt, wie der täuschende »Schein« nicht Nichts, sondern ein seiendes Nichtsein bzw.

ein nichtseiendes Sein oder wie die Lüge ist, die nur dann ihr täuschendes Ziel erreichen kann, wenn sie für Wahrheit gehalten oder auf Wahrheit bezogen wird. Entsprechend klingt in dem hebräischen Wort für »Gestalt« (temunah), wie es im Bilderverbot zur Erläuterung dessen gebraucht wird, was »Bild« (päßel) meint, auch das Verb »lügen« bzw. »täuschen« an (mun). (Götzen-)Bilder sind trügerischer Schein und verkehren die wahren Bezüge zwischen Gott und Mensch in Lug und Trug.

In Wahrheit nämlich ist Gott unsichtbar und gestaltlos, und das unterscheidet ihn als Schöpfer von allem Geschöpflichen (5. Mose 4,15ff). Wird aber im Kultbild das Geschöpfliche in den Rang des Göttlichen erhoben und Gott in Gegenwendung dazu zum Götzen verdinglicht, so wird die Schöpfungsordnung trügerisch pervertiert. Das aber ist nach Paulus die Ursünde des Menschen (Römer 1), aus der alle anderen »Sünden« folgen. Das Alte Testament nennt diese Verkehrung von Schöpfer und Geschöpf im Bild die »Sünde Jerobeams« (1. Könige 12,25ff).

Gründe für das alttestamentliche Bilderverbot gibt es sicher mehrere. Die wichtigsten sind wohl darin zu suchen, daß sich zum einen das Gottesvolk Israel von den heidnischen Götterkulten ringsum abgrenzend unterscheiden soll, um die Eigenart, ja Einzigartigkeit Jahwes deutlich werden zu lassen, der eben kein Kultbild wie die anderen Götter bzw. »Götzen« hat und haben will. Zum anderen, und das ist vielleicht der wichtigste Grund, weil der lebendige Gott sich nicht in die festgefügte, festumrissene und dem Menschen dann verfügbar-zuhandene Gestalt z.B. einer Statue begeben will. Gott will unverfügbar und frei bleiben, wie es sein Name »Jahwe« bereits sagt: »Ich bin, der ich bin« – oder: »Ich werde sein, der ich sein werde« (ähjeh ascher ähjeh) – so die Offenbarung des Jahwe-Namens (2. Mose 3,14), die eigentlich nichts (Bestimmtes) offenbart. Denn der Mensch soll keine (magische) Macht über Gott haben, die ihm nach alter Vorstellung ein Kultbild vermitteln könnte. Das Bilderverbot unterstreicht also die Unverfügbarkeit Gottes gegenüber seinen Geschöpfen. Er ist der Freie, und sie sind die von ihm Abhängigen, und nicht umgekehrt. Denn nach alter Auffassung hat man dann Macht über jemanden, wenn man den Namen kennt (2. Mose 32) oder auch ein Bild von jemandem hat, was bis ins Märchen

(Rumpelstilzchen) und Sprichwort hinein lebendig geblieben ist: »Gefahr erkannt (d.h. beim Namen genannt), Gefahr gebannt.« Oder alttestamentlich: »Ich rufe dich bei deinem Namen, mein bist du« (Jesaja 43,1). Der Zusammenhang von Name, Bild und (magischer) Verfügbarkeit ist auch noch in vielen Naturreligionen bewußt (Woodoo-Zauber).

Mit der Wahrung der Unverfügbarkeit Gottes zieht somit das alttestamentliche Bilderverbot eine klare Grenze zwischen dem Schöpfer und dem Geschöpf – eine Grenze, die in den heidnischen Kulten mit ihren Götzenbildern zum Unheil des Menschen verwischt wird. Zu seinem Unheil, weil der Mensch im Bild eine verdinglichte, vergegenständlichte, anschaulich vorzeigbare Gewißheit der heilvollen Gegenwart des Gottes zu besitzen meint, die aber so nicht hält, was sie verspricht. Denn Gott ist kein Ding, sondern das Unbedingte (Tillich), kein Gegenstand, sondern der Urstand alles geschöpflich Seienden, kein vorzeigbares Etwas, das z.B. dann seine heilvolle Macht verlieren würde, wenn das Bild zerstört wird. Die Geschichte von der Statue des Philistergottes Dagon, die vor der geraubten Bundeslade, auf der Jahwe unsichtbar (!) thront, umfällt und sich dabei Kopf und Hände abbricht (1. Samuel 5), ist ein ironisches Beispiel für die vermeintliche, trügerische Heilsgewißheit, die in Stein gehauen, aus Holz geschnitzt oder aus Gold gegossen dingfest gemacht werden soll (securitas). Der Gott Israels dagegen ist frei und nicht an eine künstlich-künstlerische Gestalt gebunden, er ist Person und kein Ding, ist unverfügbar gnädig und nicht berechenbar nützlich wie ein Götzenbild (certitudo). Daher besteht – insbesondere nach reformatorischer Einsicht – der wahre Gottesdienst im (personalen) »Wort« und nicht im »Bild«. In diesem Sinne hat in der Geschichte des Christentums das alttestamentliche Bilderverbot zur Wahrung der Unverfügbarkeit Gottes den Glauben von der Kunst und ihrem ästhetischen Schein immer wieder scheiden wollen und geschieden.

Wie aber steht es mit der trügerischen Verfügbarmachung des an ihm selbst Unverfügbaren, wenn gar nicht die Kunst und die Ästhetik über ihr sujet verfügt, sondern vielmehr das ihr immer entgegengesetzte »Wort« des Glaubens und der Theologie? Denn der Glaube spricht sich aus in Bekenntnisformen und Dogmen, die in der Theologie als Wissenschaft von Gott reflektiert werden. Dogmen aber sind Lehrmeinungen und Begriffe hinsichtlich des Wesens des Heiligen. Nun ist Gott aber das Absolute, das Ein und Alles, oder als Schöpfer die »alles bestimmende Wirklichkeit« (Bultmann). Wie kann Gott als solcher inhaltlich adäquat im Medium und in der Form des Begriffs, d.h. des Dogmas, zum Ausdruck gebracht werden?

Begriffe, im Idealfall präzise Definitionen, grenzen das, was sie begreifen ein, im Hinblick auf das, was es jeweils ist, indem sie es nach genus proximum und differentia specifica abgrenzen von dem, was es nicht ist (finis = Grenze). Sie sondern unter der Leithinsicht der Bestimmtheit aus der Fülle von Erfahrungen, Meinungen und Vorstellungen von und über Gott dasjenige aus, was theologisch verbindlich gelten soll. Eine solche Aussonderung faßt aber immer nur einen Ausschnitt und Zuschnitt (praecisio) und niemals das Ganze, das Ein und Alles des Absoluten und Göttlichen, das als solches ja gar nicht nach einem übergeordneten genus proximum und einer absondernden differentia specifica bestimmt werden kann, wenn es denn das Absolute sein und bleiben soll. Daher gilt der Satz der Scholastik: »deus definiri nequit«, weil »deus non est in genere«.

Gerade der dogmatische Begriff vom Göttlichen will über das an ihm selbst Unverfügbare verfügen, indem er es definierend fest- und sicherstellt im hybriden Zugriff des seiner Verfügungsmacht doch wesentlich Entzogenen. So verkehrt sich gerade mit und durch den dogmatischen Begriff die im alttestamentlichen Bilderverbot gewahrte Schöpfungsordnung, nach der Gott der Freie und der Mensch der Abhängige ist. Denn Begriffe sind (nach Kant) »spontane« Verstandesleistungen, die den Menschen als gegenüber der Welt (einschließlich Gott) als Inbegriff des »Gegebenen« freies Subjekt auszeichnen, das über den begriffenen Gegenstand als Objekt des Begreifens (also auch Gott) herrscht. Demgegenüber zeichnet die »rezeptive« sinnliche Wahrnehmung den Menschen als Unfreien aus, denn hier ist er angewiesen auf das, was sich zeigt.

Schleiermacher hat in seinen »Reden über die Religion« (1799) dieses erkenntnistheoretische Dilemma als Pervertierung des Schöpfungsverhältnisses durchschaut und deshalb die Religion von Metaphysik und Moral geschieden, wo jeweils theoretische bzw.

praktische *Begriffe* zwecks Verfügbarmachung des an ihm selbst Unverfügbaren führend, besser gesagt: irreführend sind. Demgegenüber weist Schleiermacher die Religion dem Bereich des »Gefühls« zu; denn Gefühle sind (wie die sinnliche Wahrnehmung nach Kant) rezeptiv und nicht spontan – sie bestimmen uns und nicht wir sie. Im Gefühl (nicht zu verwechseln mit Emotionalität, sondern als notwendige Bedingung der Möglichkeit von Erkenntnis überhaupt) erschließt sich uns unser ganzes Dasein in seiner »schlechthinnigen Abhängigkeit« von Gott. Deshalb ist das Gefühl das adäquate Medium der Religion, das die wahren Verhältnisse zwischen Gott und Mensch auch erkenntnistheoretisch einhält und nicht trügerisch pervertiert.

Ausdruck des Gefühls wiederum ist – so Schleiermacher – das weite Feld der Kunst, wobei Kunst hier nicht primär als ein von Menschen Gemachtes, sondern als ein sowohl für den Künstler wie für den Rezipienten unverfügbares Widerfahrnis verstanden wird (Genieästhetik), das uns gleichsam »gnädig« von sich her aufgeht und anrührt. Daher leistet erst die Kunst und nur die Kunst, sowohl was die künstlerische Produktion als auch was die ästhetische Rezeption betrifft, die angemessene Adäquatheit von Form und Inhalt in bezug auf das göttliche Absolute. Denn der ästhetische Ausdruck und Eindruck fixiert nicht wie der Begriff – er ist unendlich in seiner Interpretationsvielfalt und läßt somit seinen Gegenstand »frei«. Er greift nicht zu, sondern umspielt. So gesehen ist das oft reklamierte Unpräzise und Vieldeutige der Kunst nicht eine Schwäche, sondern gerade dann eine Stärke, wenn es um das Absolute geht.

Geht es dem alttestamentlichen Bilderverbot also um die Wahrung und Anerkennung der Unverfügbarkeit Gottes, so müßte man seiner Intention gemäß nicht das Wort über das Bild, sondern paradoxerweise das Bild über das Wort, die Kunst über das Dogma, die Ästhetik über die Theologie setzen, und zwar aus inner-theologischen Gründen.

Aber hat nicht Gott selbst den Vieldeutigkeiten seines unverfügbaren und unbegreiflichen Wesens, von dem das Alte Testament als »mysterium tremendum et fascinans« (Rudolf Otto) so vieles und darum auch Widersprüchliches zu erzählen weiß, ein Ende gesetzt, indem er sich, neutestamentlich gedacht, in Jesus Christus gleichsam »fixiert« hat? Denn in Jesus Christus hat Gott ja eine (menschliche) »Gestalt« (temunah – morphe) angenommen (Philipper 2,6ff). Man könnte sogar sagen: In Jesus Christus hat sich Gott selbst den Menschen in die Hand gegeben, hat sich verfügbar gemacht, indem er sich ein- für allemal in seinem Wesen und Wassein festgelegt hat, nämlich als liebender Vater-Gott. Weil Gott menschliche Gestalt angenommen hat, ist die Grenze zwischen Schöpfer und Geschöpf, zwischen Gott und Mensch aufgehoben. Und: In Jesus Christus haben wir einen vorzeigbaren Grund unserer Heilsgewißheit, der Gewißheit, daß Gott es letztlich gut mit uns meint. Die Absicht des alttestamentlichen Bilderverbots, die Unverfügbarkeit Gottes als Unterschied zwischen Schöpfer und Geschöpf herauszustellen, um so vor »dinghafter« Heilsgewißheit zu warnen, was wir in Anlehnung an Kant und Schleiermacher gerade zugunsten der Ästhetik und zu Ungunsten des Wortes (logos tou theou) interpretiert haben, hat Gott, der sich in Jesus Christus ein Bild seiner selbst geschaffen hat, offensichtlich aufgehoben. Denn Jesus Christus ist »das Ebenbild (eikon) des unsichtbaren Gottes« (Kolosser 1,15). Als adäquates Bild Gottes ist Jesus Christus aber auch das offenbarte und personifizierte »Wort« Gottes, sein Begriff, seine Definition, kurz: der logos tou theou (Johannes 1,1ff). So wäre die Gestalt (temunah) Gottes in Jesus Christus nicht länger trügerischer Schein in der Verkehrung von Schöpfer und Geschöpf, sondern aufrichtiges Aufscheinen der Herrlichkeit (doxa) Gottes im Endlichen (Johannes 1,14).

Ist dann aber nicht doch der eindeutige (christologische) Begriff die angemessene Form, um das Wesen Gottes auszusagen? Muß dann nicht doch die wissenschaftlich-präzise Theologie als Christologie der vieldeutigen Kunst und Ästhetik übergeordnet werden? Plakativ gesagt: Ist dann das theologische Sachbuch über Jesus nicht wichtiger als der Jesus-Roman, insofern jenes diesen leitet und kontrolliert? Vordergründig betrachtet, ja. Aber wie steht es mit der begrifflichen Eindeutigkeit der Offenbarung Gottes in Jesus Christus? Selbst die logos-Christologie des Johannes stellt fest, daß Jesus als logos tou theou nicht »begriffen« werden kann (Johannes 1,10). Paulus spricht von dem skandalon der Kreuzestheologie, die den Juden ein Ärgernis und den weisheitsliebenden Griechen eine Torheit, weil unbegreiflich ist (1. Korinther 1,18ff). Bis heute hat man immer wieder das »Paradox« des Gottmenschen Jesus Christus herausgestellt, weil das »vere deus – vere homo« (Chalcedon 451 n.Chr.) zwar um unserer Erlösung willen unverkürzt sein muß, aber in dieser Unverkürztheit nicht in den präzisierenden, d.h. entweder auf das »vere deus« oder auf das »vere homo« verkürzenden Begriff eingehen kann, es sei denn um den Preis der christologischen Häresie (Doketismus – Ebionitismus) – und »Häresie« (hairesis) heißt ursprünglich nichts anderes als verfügende Bestimmung und genaue Definition des an ihm selbst Unbestimmbaren.

Also bleibt es trotz oder gerade wegen der Gestaltwerdung Gottes in Jesus Christus bei der Unverfügbarkeit – sowohl Gottes als auch des Christus, wie es insbesondere die theologische Konzeption des markinischen »Messiasgeheimnisses« (Markus 8,27-30 u.ö.) deutlich macht. Und deshalb bleibt es auch aus denselben oben angedeuteten Gründen, nämlich um der Unverfügbarkeit und Freiheit der göttlichen Gnade willen, mit der Gott uns in Jesus Christus begegnet, bei der theologisch wie christologisch begründeten Überordnung der Ästhetik über den Begriff, wenn uns an der Adäquatheit von Form und Inhalt des zu verkündigenden Evangeliums liegt, und das heißt: wenn uns an der »Wahrheit« des Evangeliums von Jesus Christus liegt. Denn nach scholastischer wie neuzeitlicher Auffassung besteht die Wahrheit gerade in den »adaequatio rei et intellectus« (Thomas v. Aquin) bzw. in der Kongruenz von Form und Inhalt der Grundsätze (Fichte, Schelling, Hegel) eines philosophischen Systems.

In bezug auf die Eingangsfrage bedeutet diese Überlegung, daß belletristische bzw. poetische Jesus-Darstellungen dann aus innertheologischen Gründen notwendig und nicht nur wünschenswert oder sinnvoll sind, wenn wir das Evangelium unter Wahrung seiner Unverfügbarkeit und seines Geheimnisses in angemessener Weise aussagen wollen. Nicht bloß aus religionspädagogischem Interesse ist Belletristik und Poesie wichtig, um das, was die Theologie als Wissenschaft von Gott ohnehin im Begriff immer genauer und besser zu wissen meint, weniger theologisch Gebildeten anschaulich nahebringen zu können, sondern um der Sache der Theologie selbst willen.

Aber *wie* soll die Unverfügbarkeit und das »Geheimnis« Jesu

Christi, das gegenüber dem eindeutig feststellenden Begriff sperrige Paradox des »vere deus – vere homo« poetisch dargestellt werden? Ich meine, daß dies adäquat nur in einer Weise der »indirekten Mitteilung« (Kierkegaard) geschehen kann, die eben als *indirekte* die Unverfügbarkeit achtet und respektiert, wohingegen eine direkte Darstellung (etwa die *Messadiés*) schon wieder versachlicht und verdinglicht, was wesentlich nicht zu versachlichen und verdinglichen ist. Paradigmatisch scheint mir daher die Jesus-Darstellung etwa in *Dostojewskis* Roman »*Der Idiot*«, in *Thomas Manns* »Josephs-Tetralogie« oder in *Bölls* »*Ansichten eines Clowns*« gelungen zu sein, wo das Vieldeutige und Geheimnisvolle des Messias durch Verfremdung, Ironie, Humor und Andeutung geachtet wird.

So stimme ich im Resultat, wenn auch nicht in der begründenden Herleitung, mit Kuschels These überein, daß gelungene Jesus-Darstellungen in der Belletristik dem theologischen Anspruch der Indirektheit und Verborgenheit zwecks Darstellung der Unverfügbarkeit der göttlichen Offenbarung in Jesus Christus genügen müssen.[1]

[1] Vgl. Karl-Josef Kuschel, Jesus in der deutschsprachigen Gegenwartsliteratur, Gütersloh 1978, Einleitung und Schluß

Hartmut Rosenau

Jesus-Darstellungen in der Belletristik

Gerald Messadiés »Ein Mensch namens Jesus«

Der Anspruch, der mit diesem Buch verbunden ist, ist ein gewaltiger. Denn wenn man das Nachwort aufschlägt und dort nachliest, dann ist Messadié an einer möglichst plausiblen historischen Rekonstruktion des Lebens Jesu interessiert. Das Leben Jesu teilt er grob in zwei Phasen ein, die dann auch die beiden großen Teile seines Romans ausmachen. Er folgt darin dem Aufriß des Markusevangeliums: Der erste Teil umfaßt die Jahre der Anonymität, der zweite die Jahre in der Öffentlichkeit, wie Messadié es nennt.

Warum historische Rekonstruktion? Messadié motivieren vor allem die, wie er sagt, Unwahrscheinlichkeiten der kanonischen Evangelien – Matthäus, Markus, Lukas, Johannes –, Unwahrscheinlichkeiten, die er kritisch aufdecken und anhand eines apokryphen Evangeliums, des sogenannten Prot-Evangeliums des Jakobus, prüfen möchte, sowie anhand einiger Qumran-Schriften, und diese wiederum in der ganz spezifischen Interpretation des französischen Theologen Kardinal *Daniélou*. An welche Unwahrscheinlichkeiten Messadié dabei denkt, wird nicht so direkt deutlich. Ausdrücklich nennt er nur ganz marginal in einer Anmerkung die Gestalt des Barrabas im Zusammenhang mit dem Prozeß Jesu – Barrabas, eine Figur, die Messadié für völlig fiktiv hält. Er versucht, das etymologisch anhand der Namenserklärung plausibel zu machen. Aber dies trägt sachlich und theologisch wenig aus. An welche anderen Ungereimtheiten er denkt, muß man dem Roman selber entnehmen; es wird direkt nicht mehr genannt.

Messadié ist also, wie schon viele vor ihm, dem sogenannten historischen Jesus auf der Spur und problematisiert so schon das Zentrum des christlichen Glaubens und der Theologie, die diesen Glauben reflektiert; denn etwa seit hundert Jahren oder noch länger hält gerade die Frage nach dem sogenannten historischen Jesus in fast allen Sparten der Theologie, nicht nur in der Exegese, auch in der Systematik, die Theologie in Atem, bestimmt Positionen und Antipositionen. Insofern hat Messadié schon sehr feinfühlig das Zentrum der letzten Diskussion in der Theologie »erwischt«.

Ich möchte hier nicht auf diese viel beschriebene Diskussion um den historischen Jesus im einzelnen eingehen, sondern will nur als These in bezug auf Messadiés Werk vorweg sagen, daß dieser dem von ihm pointiert wissenschaftlich erhobenen Anspruch seines Buches meines Erachtens in keiner Weise gerecht wird. Und das aus verschiedenen Gründen.

Zunächst einmal könnte man sich die Frage stellen, ganz vorläufig: Wenn Messadié an einer historischen Rekonstruktion interessiert ist, warum schreibt er dann einen Jesus-Roman? Wieso schreibt er dann nicht vielmehr ein Sachbuch, wie es ja einige gibt in der Theologie? Es gibt natürlich nicht nur diese krasse Alternative: entweder Roman hier oder Sachbuch da, sondern auch gelungene Mischformen von historischen Romanen. Mir fällt dabei z.B. »*Maria Stuart*« von *Stefan Zweig* oder ähnliches ein. Aber das Material, das für einen historischen Jesus-Roman, etwa analog Stefan Zweig, zur Verfügung steht, ist doch vergleichsweise sehr gering. Zu gering, um dem Attribut »historisch« Genüge tun zu können. Allerdings könnten natürlich gerade die wenigen spärlichen Daten des Lebens Jesu im Zusammenhang oder vor dem Hintergrund seiner ungeheuren weltgeschichtlichen oder auch persönlichen Bedeutung gerade deshalb dazu motivieren, das Fehlende, das Unbekannte romanhaft einzutragen und zu ergänzen. Das ist legitim, aber solche Eintragungen und Ergänzungen des Dichters Messadié sollten sich zumindest an den wenigen historischen Daten, die wir haben, orientieren, ihnen nicht entgegenlaufen, sondern ihnen schon entsprechen. Sie können darüber hinaus noch viel mehr sein, aber sie sollten mindestens nicht dem wenigen, was wir wissen, widersprechen. Das ist aber leider oft in diesem Buch der Fall. Beispiele möchte ich weiter unten noch nennen.

Eine andere Möglichkeit: Wieso eigentlich Roman und kein Sachbuch? Wenn es Messadié nun darum ginge, illustrativ oder atmosphärisch die Zeit und das Umfeld des Lebens Jesu darzustellen, um es heutigen Lesern sozusagen in pädagogischer Absicht näherzubringen – das wäre ja auch ein gutes Motiv –, könnte er nicht diesen hohen Anspruch einer historischen Leben-Jesu-Darstellung damit verbinden; diese bescheidenere religionspädagogische Intention wäre in seinem Buch nur sehr mangelhaft verwirklicht. Denn Messadié verrät meines Erachtens auf Schritt und Tritt eine sehr lückenhafte bzw. sehr schablonenhafte Kenntnis von zeitgeschichtlichen Dingen oder von antiker Religion, von den einzelnen Strömungen und Konfessionen des Judentums: z.B. ein wissenschaftlich völlig abenteuerlicher Bezug auf die Weisheit des Buddha, die einem der Protagonisten in den Mund gelegt wird. Ebenso eine sehr starke Simplifizierung des alttestamentlich-jüdischen Gottesglaubens, den er im Gespräch zwischen zwei Griechen folgendermaßen verkürzt auf den Punkt bringt: »Anstelle mehrerer ambivalenter Götter haben sie, die Juden, *einen* namens Jahwe gewählt, der nur gut ist und im Jenseits herrscht, nicht aber auf Erden. Parallel dazu haben sie sich einen Teufel ausgedacht, den sie Satan nennen und der die Welt beherrscht.« Eine solche Simplifizierung ist noch nicht einmal für den Kindergottesdienst tauglich, geschweige denn für eine historische Rekonstruktion der Religion, des Umfeldes und des Lebens Jesu. Auch liefert Messadié eine sehr schablonenhafte Darstellung der heidnischen Religionen, der griechischen und römischen, die Messadié weitgehend aus Angst vor dem Numinosen, vor dem Heiligen, erklärt, was man u.U. machen kann. Aber dann muß man gut im Gedächtnis behalten, was man hundert Seiten vorher gesagt hat, wenn nämlich zusätzlich in einer unausgeglichenen Spannung dazu eine interessante Beobachtung steht, die dem Knaben oder dem jungen Jesus in den Mund gelegt wird. Da wundert er sich darüber, daß seine jüdischen Glaubensgenossen selten oder nie lachen, die Heiden dagegen immer.

Wie verbindet sich das mit dem Motiv »Angst« der griechischen Religion? Ich sehe da eine gewisse Spannung oder Unausgeglichenheit in Messadiés Konzept.

Hinzu kommt, daß die bedeutenden Teile des Romans gar nicht so sehr illustrativ an einer Veranschaulichung der Zeitumstände und Theologien damals interessiert sind, sondern mehr oder weniger aus Gesprächen oder Monologen bestehen, abgesehen von einer sehr drastischen Kreuzigungsszene zu Beginn des Romans. All das, diese Monologe, diese Gespräche des Romans sind wohl doch mehr

Projektionen des modernen Menschen Messadié auf antike Verhältnisse, die historisch sicher so nicht haltbar sind. Das betrifft besonders die von ihm mehrmals angesprochene funktionale Erklärung von Religion oder religiösen Vorstellungen – bestimmte religiöse Vorstellungen, die mir helfen, zu funktionieren, mein Leben so oder so zu verstehen, ohne die Wahrheitsfrage damit zu verbinden.

Aber entscheidender für das Mißlingen seines Programms, den historischen Jesus darzustellen, ist meines Erachtens die Tatsache, daß Messadié überhaupt auf eine kritische und begründete Quellensichtung verzichtet und auf eine Auseinandersetzung mit den Fachergebnissen der historisch-kritischen Forschung wohl offensichtlich verzichtet hat. Das wundert mich auch nicht, denn das wäre für sein Programm sehr desillusionierend gewesen. Den Quellenwert des apokryphen Prot-Evangeliums des Jakobus höher einzuschätzen als den Quellenwert der synoptischen Evangelien – das ist schon wissenschaftlich abenteuerlich, besonders wenn man Messadiés Begründung dazunimmt, das Jakobus-Evangelium klinge so besonders echt. Das darf man noch nicht einmal in einer Proseminar-Arbeit schreiben, es ist einfach grotesk.

Damit wird natürlich Messadiés Darstellung der familiären Verhältnisse Jesu, beispielsweise die Vorgeschichte seiner Eltern, historisch-kritisch betrachtet hinfällig. Dazu ein längeres Zitat aus seinem Buch. Es geht um die Vorgeschichte der Geburt Jesu:

»Am späten Nachmittag eines windigen Tages im Nisan jenes Jahres klopfte ein alter Mann an die Tür der einzigen Hebamme von Bethlehem. Sie kaute noch an ihrem Abendessen. ›Einen Augenblick, ich bin gleich fertig‹, antwortete sie mechanisch, als sie die Tür öffnete, ohne ihren Besucher auch nur eines Blickes zu würdigen. Unbekümmert um den Wind ließ sie die Tür offenstehen und eilte in die Stube, um ihren Mantel zu holen. Erst als sie zurückkehrte, bemerkte sie, wie hochbetagt ihr Kunde war.

›Was heißt denn das?‹ fragte sie bissig. ›Sind die Ehemänner heutzutage so schwächlich, daß sie sich nicht selbst in die Kälte hinauswagen, um die Hebamme zu holen?‹ Sie ließ die Tür hinter sich zufallen. ›Wo ist deine Tochter? Seid ihr aus Bethlehem? Ich erinnere mich nicht, dich schon einmal gesehen zu haben, auch wenn diejenige, die dich zur Welt gebracht hat, seit etlichen Monden nicht mehr unter uns Lebenden weilen dürfte.‹

›Ich wohne nicht in Bethlehem‹, antwortete der alte Mann, ›aber ich bin hier geboren. Jakob, ein Priester aus dem Stamme Davids, war mein Vater. Und ich bin Josef, Priester in Jerusalem. Die Frau aber ist nicht meine Tochter, sondern meine rechtmäßig angetraute Frau.‹

Die Alte blieb wie angewurzelt stehen und musterte Josef von oben bis unten. Achtzig, vielleicht fünfundachtzig Jahre mochte er alt sein. Sie öffnete den Mund, besann sich dann aber und schloß ihn wieder. ›Wohin gehen wir?‹ fragte sie, nachdem sie eine Weile gelaufen waren.

›Zu einer Scheune außerhalb der Stadt‹, sagte Josef.

›Das kann doch wohl nicht wahr sein!‹ rief die Hebamme mit gerunzelten Augenbrauen. ›Du bist Priester, und deine Frau soll in einer Scheune niederkommen?‹

›In den Herbergen war kein Platz mehr‹, erklärte Josef. ›Wir haben jetzt keine Zeit, um über solche Dinge zu streiten. Folge mir!‹

Raschen Schrittes erreichten sie einen Bauernhof, der tatsächlich am Rande der Stadt lag. In der Nähe des Hofes befand sich ein Stall und darin ein Esel, eine Kuh und eine sehr junge Frau. Fast noch ein Mädchen, dachte die Hebamme, das kaum mehr als sechzehn Jahre alt sein kann, weil das das Mindestalter für eine Heirat ist. Die Frau lag, auf dem Heu ausgestreckt, nahe der Tür.

›Ich habe Durst‹, klagte sie mit schwacher Stimme.

›Geh ihr etwas zu trinken holen, und bring mir einen Krug heißes Wasser!‹ ordnete die Hebamme an.

Noch bevor er zur Hebamme aufgebrochen war, hatte Josef darum gebeten, daß man ihnen heißes Wasser vorbereitete. Es kochte schon bei seiner Rückkehr. Als er mit zwei Tonkrügen im Arm wieder zum Stall kam, blieb er vor der Tür stehen und biß die Zähne zusammen. Drinnen hörte man die Ausrufe der Hebamme, die abwechselnd Gott anrief und allerlei laute Flüche ausstieß. Er horchte. Nein, schimpfte sie, so etwas habe sie noch nie gesehen; keinem hätte sie geglaubt, wenn er ihr gesagt hätte, daß sie das noch erleben werde . . . Ein einziges Geschrei und Gezeter war das. Josef stieß die Tür auf und begegnete mit seinem von Alter getrübten Blick dem der Hebamme.

›Unglaublich!‹ schrie sie. ›Dieses Mädchen ist noch Jungfrau!‹ Doch so aufgeregt sie war, bei seinem Anblick, wie er da stand, erstarrte sie: ein müder, vom Wind zerzauster alter Mann, mit tiefen Falten um die Mundwinkel, in die sich unbeschreibliche Bitterkeit eingegraben hatte.«[1]

Diese kleine Leseprobe klingt wie eine freie Wiedergabe des Prot-Evangeliums des Jakobus.

Ebenso zwischen unkritisch übernommener Legende und eigener Phantasie bewegen sich die historisch überhaupt nicht zu belegenden Schilderungen des Aussehens und der Charaktereigenschaften Marias, wenn es zum Beispiel heißt: »Maria eilte herbei. Mit der Anmut ihrer Jugend und der Unbekümmertheit in ihrem Blick schien es vorbei zu sein. Sie glich einer dunklen Rose, die jeden Augenblick dahinwelken kann. Sie hatte Ringe unter den Augen, und unter den Falten ihres Kleides erahnte man die üppige Bauchrundung einer reifen Frau. Diesmal jedoch war es wahrhaft nur ein Zeichen von Wohlgenährtheit; schwanger sollte sie nie wieder werden.«[2]

Oder auch eine Charakterisierung des, wie Messadié schreibt, ernsten Kindes Jesus. Eine Szene, als Jesus das Zimmermannshandwerk seines Vaters lernt: »Die Lehrlinge hatten Jesus gern. Er war geduldig, ausnehmend höflich und ausdauernd. Und er war ein schönes Kind. Nicht nur, was sein braunes Haar, die braunen Augen, den goldenen Schimmer seiner Haut oder auch seinen schlanken und bereits muskulösen Körper betraf, nein, auch in dem Schweigen, das ihn umgab, lag Schönheit.«[3] Erstaunlich, wo die Information herkommt. Ein Schweigen, das hier nicht nur als Zeichen von Schönheit, sondern später dann auch als Zeichen von geistiger Zurückgebliebenheit gedeutet wird – eine weitere etwas unausgeglichene Spannung in Messadiés Konzept. Und schließlich ein Schweigen, das Jesus auch als Medium für Trance und ekstaseartige Zustände prädestiniert.

Ebenso historisch unhaltbar ist Messadiés These, Jesus sei überhaupt nicht am Kreuz gestorben, sondern vorher quasi scheintot

---

[1] Gerald Messadié, Ein Mensch namens Jesus, München 1989, S. 51f
[2] ebenda, S. 94f
[3] ebenda, S. 109

oder halbtot ins Grab gelegt und später befreit worden, so daß er sich möglicherweise – Messadié deutet das ein bißchen geheimnisvoll, aber sehr durchsichtig geheimnisvoll an –, ostwärts zur indischen Weisheit des Buddha begeben haben könnte. Dann wäre natürlich der Auferstehungsglaube der Apostel und auch die daran geknüpfte Bezeichnung »Jesus ist der Sohn Gottes« eine sehr fadenscheinige Interpretation der Jünger, die das Verschwinden ihres Meisters irgendwie erklären müßten.

So erliegt Messadiés Versuch einer historischen Rekonstruktion des Lebens Jesu meines Erachtens nicht nur in vielen Details unbegründeter Spekulation – z.B. auch das Motiv für die Flucht der heiligen Familie nach Ägypten, die Josef antritt, weil er als zelotisch engagierter Priester in Jerusalem einer Verfolgung entkommen will, oder das Alter Jesu zur Zeit seiner Verurteilung, das Messadié mit 41 statt mit ca. 30 Jahren angibt, oder die Festlegung der zu Jesu Lebzeiten unbestimmten Jüngerzahl auf 14 bzw. dann 12; Messadiés Versuch ist auch im ganzen, gemessen an der fachwissenschaftlichen Forschungslage, als anachronistisch und naiv zu beurteilen – er hat noch nicht einmal die Position, die schon rund hundert Jahre alt ist, eingeholt. Auch was die von ihm emphatisch betonte Beeinflussung Jesu durch die Essener-Gemeinde betrifft, die es wahrscheinlich gegeben hat, aber doch wohl nach dem heutigen Stand der Qumran-Forschung mehr indirekt und lange nicht so betont, wie Messadié es herausstellt.

Das alles ist natürlich unter dem Titel Roman möglich und auch legitim, aber ganz sicher nicht unter dem Anspruch einer historischen Rekonstruktion und Analyse. Und so provoziert Messadié, ob er will oder nicht, ständig Mißverständnisse, weil unausgesprochen verschiedene Ebenen ständig ineinanderlaufen. Es ist nicht sehr klar, wann nun etwas historisch gesichert, wann blühende Phantasie, wann dichterische Ergänzung ist. Der Leser wird alleingelassen und kann auch sehr schnell Messadié auf den Leim gehen, um es einmal salopp auszudrücken.

Damit möchte ich natürlich nicht behaupten, daß in all diesen Punkten, die ich angesprochen habe, die Fachwissenschaft der historisch-kritischen Forschung sozusagen ex cathedra das letzte Wort gesprochen haben soll. Es soll nur darauf hingewiesen werden, daß Messadié – und darauf kommt es mir an – keine Gründe für seine Rekonstruktion hat und sich mit den guten Gründen der Fachwissenschaft nicht auseinandersetzt, die seiner Interpretation widersprechen.

Ebenso anachronistisch und naiv mutet Messadiés »historische« bzw. »natürliche« Erklärung von Wundern Jesu an. Das Weinwunder zu Kana wird z.B. zu einer gewitzten Sirupverdünnung, die Heilung des Blinden zu einer klugen Behandlung einer eitrigen Bindehautentzündung, die Speisung der Fünftausend zu einer organisierten Solidaritätsmahlzeit. So hat man im 18. und noch Anfang des 19. Jahrhunderts Wunder aufklärerisch deuten wollen, um den Zeitgenossen damals das Anstößige dieser Wundergeschichten aus dem Weg zu räumen. Aber spätestens die formgeschichtlichen Untersuchungen zu den Wundergeschichten im 20. Jahrhundert sollten klargemacht haben, daß man mit einer solchen Erklärung gerade die Gattung »Wunder« mißversteht; denn es soll ja gerade ein Wunder erzählt werden, das nicht irgendwie naturalistisch erklärt zu werden wünscht. Es soll ja gerade ein Kerygma, eine Verkündigung des Jesus als Christus durch diese Wundergeschichten vollzogen werden. Doch eben diesen Anspruch der Evangelien, Jesus als den Messias, als den Sohn Gottes darzustellen, will Messadié insofern unterlaufen, als er Jesus als denjenigen darstellt, der seine Messianität selbst nicht erkannt oder anerkannt hat, sondern der gleichsam wider Willen von seinen Jüngern und Zeitgenossen zum Messias gemacht wurde. Er dient sozusagen als Projektionsleinwand für die Messiaswünsche und -erwartungen seiner Gesellschaft oder seines Umfeldes. Deshalb steht auch die Messiasproblematik im Zentrum des Romans, u.a. im für mich zentralen Kapitel des zweiten Teils, Kapitel 1.

Daran ist historisch vermutlich soviel richtig, daß Jesus sich wohl selbst tatsächlich nicht als Messias bezeichnet hat, wie die exegetische Debatte um das Selbstbewußtsein Jesu klargemacht hat. Aber christologisch, theologisch ist dieser Umgang mit der Messianität Jesu deshalb bedenklich, weil er zum einen die Absicht der literarischen Gattung »Evangelium« als Verkündigung des Jesus von Nazareth als den Christus mißachtet, und zum anderen Jesus auf das »vere homo«, wie es dogmatisch heißt, auf das wahre Menschsein reduziert. Seit dem Konzil zu Chalcedon 451 n.Chr. wird von Jesus gesagt – und das ist dogmatisch verbindlich bis heute: Jesus Christus hat zwei Naturen; er ist wahrer Gott und wahrer Mensch. Beides muß zusammengebracht werden, wenn man dem rechten Glauben folgen möchte. Wer das eine oder das andere einseitig betont, wird zum Häretiker.

Messadié reduziert in seiner Jesus-Darstellung Jesus auf das wahre Menschsein. Eine einseitige Sicht, gemessen an diesem Dogma von Chalcedon. Jesus war nach Messadié eben Mensch und nicht mehr, und deshalb ist es überall in seinem Leben auch ganz natürlich und menschlich zugegangen. Das Abdriften in diese Häresie nennt man Ebionitismus. Man möchte nicht wahrhaben, daß Jesus von Nazareth der Sohn Gottes ist, also Gott selber, sondern Jesus ist Mensch, wenn auch ein besonders hervorragender und vorbildlicher, aber Mensch und nicht mehr. Diese ebionitistische Sicht hat natürlich schon eine lange Tradition und hat auch bedenkenswerte Gründe für sich. Es ist nicht so leicht, diese Sicht theologisch aus den Angeln zu heben, selbst wenn man sie von Anfang an immer als Häresie von der Orthodoxie ausgeschieden hat. Was ich jedoch an Messadiés Konzept bemängeln würde (nicht, daß er Häretiker ist, das wäre ja ein dogmatisches Urteil), ist: Messadié hält die Darstellung des Menschseins Jesu, um die es ihm geht, nicht konsequent genug durch. Meines Erachtens würde zum Menschsein Jesu gerade auch sein Tod am Kreuz gehören, wie zu jedem Menschen der Tod, das Leid und die Not gehören. Messadié erklärt den Tod Jesu für Schein und driftet damit in die entgegengesetzte Häresie ab, die gesagt hat: Jesus Christus war nur Gott und nicht Mensch, und sein Tod am Kreuz war nur scheinbar (Doketismus), denn ein Gott stirbt und leidet nicht. – Wenn man den Tod nicht ernst nimmt, dann verliert man auch die Perspektive »wahrer Mensch«, um die es Messadié geht.

So bleibt es schließlich unklar, was Messadié eigentlich für das Menschsein des Menschen hält und wofür das Buch im ganzen eintritt. Ist es, wenn man den deutschen Titel als Leitmotiv nimmt, das Scheitern, das Jesus zum Menschen macht, das uns allen droht, wenn wir gegen den Strom schwimmen oder nonkonformistisch leben wollen? Oder daß Jesus der große Störenfried ist, der alle überkommenen Normen und Sitten in Frage stellt? Oder die Warnung davor – das hätte schon eine gewisse Plausibilität –, Wunschbilder absoluten Heils auf schwache Menschen zu projizieren, die diese Wunschbilder niemals einlösen können? Wie auch im zwischenmenschlichen Bereich Menschen oft überfordert werden, wenn sie – wechselseitig jeweils – das absolute Heil verkörpern sollen in der Ehe oder in der Freundschaft zum Beispiel. Oder ist es, daß in jedem Ende ein neuer Anfang liegt – wie es so lapidar heißt? Aber ein Anfang wofür? Diese Antwort bleibt Messadié schuldig. Oder geht es, wenn man dem französischen Originaltitel nachgeht, um den letztlich unauffindbaren Gott, der zu allem stumm bleibt?

So bleibt für mich am Ende des Buches eine gewisse Unzufriedenheit. Der hohe Anspruch historischer Rekonstruktion ist bei weitem nicht eingelöst, und als Roman wird Messadiés Werk wohl kaum den literaturästhetischen Kriterien gerecht, die insbesondere an Jesus-Romane zu stellen wären.

Hans F. Bayer

Jesus-Interpretationen in der Sachliteratur

Franz Alts »Jesus – der erste neue Mann«

Der erste Eindruck

In *Franz Alts* neuem Buch *»Jesus – der erste neue Mann«*[1] weht ein frischer Wind. Alte Auffassungen über Jesus und seine Botschaft werden kühn, dreist und elegant über Bord geworfen. *Carl Gustav Jungs* Psychoanalyse, *Christa Mulacks* Feministische Theologie, Franz Alts eigener Pazifismus[2] und *Joschka Fischers* verantwortungsbewußte Ökologie werden statt dessen an dem ersten neuen Mann festgemacht, werden nach nahezu zweitausendjähriger kirchlicher »Irrfahrt« bei dem wahren Jesus von Nazareth endlich entdeckt. Alt besitzt eine beneidenswerte Bandbreite der Perspektiven, weiß persönliches Schicksal, Zeitgeist und Not des Menschen ebenso einprägsam zur Sprache zu bringen wie Fragen der Philosophie, Theologie, Psychologie, Ökologie, Politik, Ökonomie und Geschichte. Annähernd jeder dritte Satz besitzt eine mitreißende Schlagkraft[3] – der Leser begegnet einem Menschen mit beachtlichem Engagement und entwaffnender Offenheit, Direktheit und gewinnender Werbung um seine Sache.

Ähnlich wie *Eugen Drewermann* scheint der Katholik Alt unter einer erdrückenden Moralethik zu leiden, die, verstärkt durch eine Intellektualisierung der westlichen Gesellschaft, als Zwangsjacke

---

[1] Franz Alt, Jesus – der erste neue Mann. München/Zürich, [7]1990 (1989). Unerläuterte Seitenangaben im Text und in den Anmerkungen beziehen sich stets auf dieses Buch. In der Bestsellerliste des Spiegels vom 5. Nov. 1990, S. 288, nimmt Alts Buch unter den Sachbüchern Platz 2 ein, nach H. Schmidts Memoiren und zwei Ränge vor Valériens Fußball-WM '90 Italien (Platz 4).

[2] S. 91: Pazifismus ist nicht im Sinn von reiner Harmonie und Anpassung, ängstlicher Feigheit und schwächlichem Nachgeben, sondern als Entscheidung und Aktivität zu verstehen.

[3] Z.B. S. 92: »Der Trau-Schein ist sehr oft nur das Papier für eine Schein-Trauung«; S. 117: »Das Ziel des Lebens besteht darin, ›jung zu sterben – und zwar so spät wie möglich.‹«

das Leben und die Seele gefangen nimmt. Zur echten Krisis kommt Alt schließlich in persönlichen Schicksalsschlägen.[4]

Die schärfsten Spitzen richten sich gegen die (katholische)[5] Kirche und gegen das gesellschaftliche Patriarchat[6] in verschiedenen sozialen und politischen Ausprägungen. Der Mensch (und vor allem der Mann) soll endlich aus seiner einengenden Unterentwicklung befreit werden. Erst wenn der Mensch zu einem neuen anima-animus-integrierten Dasein durchdringt, wird er beginnen, mit den Problemen seines privaten und öffentlichen Lebens fertig zu werden. Patriarchat in Form von Unterdrückung der Frauen und Kinder, Umweltverschmutzung, Kriegsgefahr, um nur einiges zu nennen, sind lediglich folgenschwere Konsequenzen einer fehlenden oder zumindest unausgeglichenen Anima-animus Integration im Menschen.

Die Aussagen Alts mögen besonders im mitteleuropäischen Raum auf großes Echo stoßen: Ist nicht in diesem Raum ein herzlicher zwischenmenschlicher Umgang miteinander, der wirklich auch persönlich wird, eher Mangelware? Man benötigt weder Kenntnis der Psychologie noch der Theologie, um zu beobachten, daß manche Mitteleuropäer eher unsicher werden, wenn es um eine direkte, persönliche, offene und transparente Begegnung mit einem anderen Menschen geht. Dies wurde mir selbst erst bewußt, als ich in einer anderen Kultur ein stärkeres Maß an persönlicher Wärme und Nähe erlebte. Aus diesem unmittelbar zu beobachtenden Mangel schlägt Alt immenses Kapital für seinen Aufruf zu einem neuen Menschendasein. Den Erfolg *E. Drewermanns* leite ich ebenfalls primär aus der betonten Hervorhebung dieses wunden Punktes in unserer Gesellschaft ab.

Es ist jedoch nicht Alts erklärte Absicht, sich selbst oder seine Lebensphilosophie darzustellen; vielmehr möchte er den ersten ani-

---

[4] Vgl. Anm. 31

[5] Vgl. z.B. S. 81 zur Rangordnung und Kleidung des Klerus; siehe u.a. S. 32: ». . . die salbungsvolle und weihrauchgeschwängerte Jesustümelei.«

[6] Auf S. 84 zitiert Alt C. Mulack ohne Seitenangabe: ». . . Im Patriarchat trägt kein Mann die Verantwortung für seine Taten, denn immer handelt er auf Befehl eines Höheren« (vgl. S. 120).

mus-anima-integrierten Mann vorstellen[7], der *identisch* lebte und dessen vorgelebte Überzeugung einzig und allein vorbildhaft Hoffnung für den sich selbst in den Abgrund reißenden, unterentwickelten modernen Menschen darstellt.

Natürlich muß bei diesem Anspruch sogleich aus theologiegeschichtlicher Perspektive gefragt werden, ob es denn Alt tatsächlich gelingen wird, den *wahren* Jesus vorzustellen, oder ob er lediglich dem jahrhundertealten Phänomen anheimfällt, sein Jesus-Porträt mehr oder weniger aus *der eigenen Lebensphilosophie* zu entfalten und sich somit Jesus lediglich seinem Lebensprogramm dienstbar zu machen.[8]

Schleiermacher formte sein Jesus-Bild aus der Sicht des religiösen Gefühls der schlechthinnigen Abhängigkeit vom Transzendenten; die Liberalen des letzten Jahrhunderts huldigten dem ethischen Vorbild des erhabenen, sittlichen Menschen Jesus; die Konsequent-Eschatologischen hatten den Apokalyptiker vor Augen, der schließlich am Rad der Geschichte Schiffbruch erlitt, weil seine Naherwartung eines kosmischen, göttlichen Endgerichtes aufgrund der Hinrichtung am Kreuz in sich zusammenbrach. Der Theosoph *Rudolf Steiner* entfaltet sein anthroposophisches Jesus-Bild in Abgrenzung zum historisch-kritischen Zugang zu Jesus nach der Grunderkenntnis der geistigen Schau höherer Welten, nach der Jesus die geistige Karmawelt meisterhaft verkörperte. Das transzendente, übergeschichtliche Christus-Licht umleuchtet den, der selbst in platonischer Verneinung des Irdisch-Weltlichen Erkenntnis höherer, geistiger Welten einübt.

Der Theologe *Martin Kähler* hat dieses alte Phänomen in scharfsinniger Weise auf einen Punkt gebracht: Jeder sucht *seinen* Jesus und findet gemäß *seiner* Zeit und Weltanschauung alles Erdenkliche, nur nicht den wirklichen Jesus von Nazareth. Dieses gesamte Suchen bezeichnete Kähler schon vor der Jahrhundertwende als Holzweg.[9]

---

[7] Vgl. z.B. S. 96 §2 zur Definition dessen, was Alt unter »männlich« und »weiblich« konkret versteht.

[8] Vgl. S. 88: »Männer idealisieren Jesus, oder sie tun ihn als Trottel ab.«

[9] M. Kähler, Der sogenannte historische Jesus und der geschichtliche, biblische Christus, (Leipzig 1892); neu hrsg. v. E. Wolf, Theologische Bücherei, Bd. 2, München, [4]1969, S. 18f. Vgl. auch A. Schweitzer, Von Reimarus bis Wrede, Tübingen 1906; jetzt: Geschichte der Leben-Jesu-Forschung. Tübingen [2]1913.

Kähler warnt: Nur der von den Aposteln verbindlich gepredigte Christus ist und bleibt der wahre Jesus![10]

Alt erhebt dennoch den dreisten und beunruhigenden Anspruch, endlich *den wahren, neuen Jesus* hinter dem gepredigten und, nach seiner Ansicht, schon verfälschten Christus der Urgemeinde zu präsentieren.[11]

Franz Alts Ansatz und thematische Entfaltung

Es ist bezeichnend für Alts Ansatz, daß er eine *endzeitliche* Aussage aus der Offenbarung des Johannes sozusagen über sein Programm *gegenwärtiger Problemlösung* schreibt:

Gott spricht: »Siehe, ich mache alles neu« (Offenbarung 21,5). Diese endzeitliche Aussage, die im Zusammenhang des Endgerichtes, der kosmischen Umstürzung des bestehenden Äons und der endgültigen Bindung Satans steht, war, so Alt, das eigentliche Programm Jesu vor beinahe 2000 Jahren. Dabei ignoriert Alt den kosmischen Rahmen, in dem das »Neue« angekündigt wird. Ohne biblische Rechtfertigung setzt Alt voraus, daß das »Neue« im gegenwärtigen Zeitalter realisierbar ist. Dieses Programm des »Neuen« ist angesichts der riesigen Probleme der Gegenwart und der Sehnsucht nach radikaler Veränderung brandaktuell. Alt setzt voraus, daß auch Jesus alles neu[12] machen wollte, und resümiert, daß daraus nichts wurde. Der Grund für die große Enttäuschung ist entweder bei Jesus oder bei der Menschheit zu suchen. Alt ist davon über-

---

[10] Hierbei geht Kähler prinzipiell von einer Kontinuität zwischen dem vorösterlichen Jesus und dem nachösterlich gepredigten Jesus aus.

[11] S. 86: »Aber Jesus, der noch entdeckt werden will . . .«; S. 12: »Den wirklichen Jesus müssen wir erst noch entdecken«; vgl. S. 13. Zur Einführung in den historisch-theologischen Hintergrund, unter dessen Einfluß offensichtlich auch Alts Auffassungen gewachsen sind, vgl. H. Ristow/K. Matthiae (Hrsg.), Der historische Jesus und der kerygmatische Christus, Berlin ²1962.

[12] Zunächst ist festzustellen, daß vor allem bei Paulus und in der Offenbarung und nicht in den Evangelien das Neue angekündigt wird. Obwohl die beinahe synonym gebrauchten Begriffe »kainos« (mit charakteristischem Zusatz »vorher unbekannt«) und neos (charakteristischer Zusatz »jung«) bezüglich Rang und Zeit mit »neu« übersetzbar sind, so kommen beide Begriffe im Neuen Testament im Sinn von »qualitativ neu«, »analogielos« vor: vgl. 2. Petrus 3,13 (kainos) mit Kolosser 3,10 (neos). In diesem Sinn ist auch Offenbarung 21,5 zu verstehen.

zeugt, daß das in der Urgemeinde bald entstehende, vermeintliche Zerrbild von Jesus[13] die eigentliche Ursache dafür ist, daß der wahre Jesus mit seinen höchst aktuellen Perspektiven bis heute nie zum Zuge kam und somit *das Neue* ausblieb. Nicht Jesus, sondern die Urgemeinde verbaute die Chance, wirklich Neues zu schaffen.

»Es geht«, so meint Alt, »heute um einen neuen Jesus, um ein neues Bild von ihm, nachdem wir mit dem alten Jesus-Bild nichts wirklich neu gemacht haben« (S. 12). Mehrere Voraussetzungen werden hier und im weiteren Verlauf der Ausführungen Alts gemacht:

1. Das *neue* Jesus-Bild ist das eigentliche, *ursprüngliche,* wahre Jesus-Bild.
2. Das *rechte Jesus-VORBILD* genügt, um alles *neu* zu machen.
3. Dabei geht es nicht um qualitativ analogieloses Neues, sondern um die Realisierung und *Mobilisierung* der gegebenen, *guten Kräfte* im Menschen nach dem *Vorbild* Jesu.[14]

Bevor ich auf die genannten Punkte eingehe, sei noch eine Vorbemerkung über Alts Hervorhebung der »Aporie der Moderne« gestattet. Wie eingangs angedeutet, findet Alt den Einstieg für sein Konzept in der notvollen Situation der Menschheit. Einprägsam schildert er immer wieder die Probleme, mit denen der moderne Mensch konfrontiert wird: Zerfall der Ehe, Zerfall der Familie, Zerfall der echten und ehrlichen Umgangsweise in Politik, Wirtschaft und Gesellschaft, Zerfall der Natur, Unterdrückung der Frau und der Kinder.[15]

---

[13] S. 13: Jesus wurde bald romantisiert, banalisiert, verkitscht und verkirchlicht; der nüchterne, einfache Mensch Jesus wurde zum Herrn und geglaubten Christus gemacht.

[14] »Menschsein im Sinne Jesu heißt, freudig der sein wollen, der ich sein soll und kann« (S. 17).

[15] Vgl. die Liste der Weltprobleme, die H. Küng in seinem unlängst erschienenen Buch »Projekt Weltethos«, München 1990 (am 2. Nov. 1990 in der Zeitung »Die Zeit« Nr. 45, S. 45 mit dem Titel »Was sie eint . . .« durch Franz Alt rezensiert) zusammenstellt. Das Zitat erfolgt hier nach F. Alt: »Jede *Minute* geben die Länder der Welt 1,8 Millionen Dollar für militärische Rüstung aus; – jede *Stunde* sterben 1500 Kinder an Hunger; – jeden *Tag* stirbt eine Tier- oder Pflanzenart aus; – mit Ausnahme der Zeit des Zweiten Weltkrieges wurden in den achtziger Jahren in jeder *Woche* mehr Menschen verhaftet, gefoltert, ermordet, zur Flucht getrieben oder auf andere Weise durch repressive Regierungen unterdrückt als zu irgendei-

Das Zentrum des Problems ist beim Menschen selbst zu suchen. Der Mensch, vor allem der Mann, leidet an der Verkümmerung seiner Seele, die nicht nur animus-, sondern auch anima-Elemente in sich birgt, nicht nur rational-männliche, sondern auch intuitiv-weibliche Züge in sich trägt. Dabei verfällt Alt nicht in eine Doppelgeschlechtlichkeit des Mannes oder der Frau; er möchte Mann und Frau in ihrer Unterschiedlichkeit belassen und dennoch die seelische Fülle des Mannes und der Frau freilegen. Gelingt dies, so gelingt nach Alts Auffassung die Bewältigung der Weltprobleme. Träume und Intuitionen spielen deshalb in Alts Weltbild eine nicht geringe Rolle. So »sieht« Alt in bestimmten Phasen seines Lebens »Sätze« wie: »Bewußtheit erfordert Tiefe« (S. 15), »Der richtigen Theorie folgt die richtige Praxis« (S. 26), oder er hört eine Stimme, die ihm zusagt: »Ich nehme Anteil an deinem Problem« (S. 50). Auf diesem Hintergrund der Aporie der Moderne entfaltet Alt sein Konzept des »Neuen Lebens« mit Hilfe des Vorbildes des »Ersten Neuen Mannes«. Ich beginne mit der letzten der drei genannten Grundvoraussetzungen Alts.

Zu 3.: *Die Eigeninitiative des Menschen*
Die notwendigen Kräfte müssen und können mobilisiert werden

Alt bezweifelt mit keiner Silbe, daß die Menschheit die Veranlagung, Verantwortung und Fähigkeit besitzt, aus eigener, latent vorhandener Kraft *Neues* zu schaffen.[16] So betont er: »Die Begegnung mit Jesus hat vor 2000 Jahren die Selbstheilungskräfte vieler Menschen mobilisiert« (S. 41). Alt geht eindeutig von einem anthropo-

---

nem anderen Zeitpunkt in der Geschichte; – jeden *Monat* kommen durch das Weltwirtschaftssystem weitere 7,5 Milliarden US-Dollar Schulden zu den 1500 Milliarden hinzu, die schon jetzt eine unerträgliche Last für die Menschen der Dritten Welt sind; – jedes *Jahr* wird eine Fläche des Regenwaldes, die dreiviertelmal so groß ist wie Korea, zerstört.« (Den freundlichen Hinweis auf diese Rezension verdanke ich meinem Kollegen Lutz von Padberg.).

[16] Vgl. die Titel seiner früheren Bücher: Frieden ist möglich, München, [25]1989; Liebe ist möglich; München, [9]1989. Vgl. M. Hättich, Weltfrieden durch Friedfertigkeit. Eine Antwort an Franz Alt, München, [4]1983, S. 19: Alts Ansatz geht von einer »Selbsterlösungsideologie« aus. (Den freundlichen Hinweis auf Hättich verdanke ich Rainer Riesner.)

zentrischen Ansatz aus[17]: Die »Wiedergeburt aus dem Geist« wird zur Selbsterkenntnis und Selbstverwirklichung (S. 18). Die Problematik eines anthropozentrischen Ansatzes wird dadurch verharmlost, daß der Mensch nach Alt von Natur aus gut ist. In jedem liegt ein göttlicher Kern.[18]

Zu 2.: *Jesus als Vorbild*
Jesus – das perfekte Vorbild, der exemplarische Mensch, die Leitfigur für ein neues Lebensprogramm

Es gibt nach Alts Auffassung keinen besseren und keinen anderen Weg, als den animus-anima-integrierten Mann Jesus von Nazareth als Vorbild erst zu nehmen, um aus dem Alptraum der seelischen Verkümmerung zu Neuem Leben zu erwachen. Jesus ist »*das* Modell menschlichen Lebens für alle Menschen« (S. 15).[19] Jesus ist *das* Beispiel für den sich emanzipierenden Mann oder die sich emanzipierende Frau (S. 14).[20]

Während der Lektüre drängt sich die Frage immer mehr auf, warum Alt gerade Jesus von Nazareth derartig hoch einschätzt. Seine Antwort ist ebenso geistreich wie unbefriedigend: »Es ist einfach vernünftig, sich an Jesus zu orientieren« (S. 32). An anderer Stelle bemerkt er:

»Jesus ist *die* geistesgeschichtliche Supermacht unseres Planeten. Mehr noch als bei Buddha oder Pythagoras beeindruckt an Jesus seine Menschlichkeit ... Von keinem anderen Religionsstifter oder ›Gottessohn‹ wird berichtet, er habe vor lauter Angst ›Blut geschwitzt‹ und vor Schmerzen geschrien. Sokrates ging heiter in den Tod, Jesus voller Angst und Verzweiflung. Deshalb ist mir Jesus näher.« (S. 19)

---

[17] S. 14: »Man kann Jesus nur von den Erfahrungen des eigenen Lebens her verstehen.« Vgl. S. 153: »... Vertrauen beginnt mit Selbstvertrauen.«
[18] Vgl. S. 62: »Jesus erkannte im Herzen *jedes* Menschen den göttlichen Kern, den Kern der Gotteskindschaft.« Vgl. S. 132: Das Gewissen ist eine verläßliche Instanz.
[19] Vgl. Hättich, Weltfrieden, S. 18: »Jesus war für ihn (F. Alt) ein Lehrer mit großer Autorität, der viel, mehr als alle anderen Menschen, von Gott wußte.«
[20] Jesus ist das Vorbild für Identitätssucher (S. 28). Es gilt den Versuch zu starten, Jesu Programm nach seinem Vorbild zu leben (S. 31). Die Vision Jesu soll zu unserer Vision werden (S. 75). Er inspiriert uns zu einer neuen Lebensweise (S. 96f).

Auch eine dritte Antwort auf unsere Frage geht in dieselbe Richtung:

»Weder Buddha noch Mohammed, weder Aristoteles noch Plato begegneten Frauen so ressentimentfrei, partnerschaftlich und spontan selbstverständlich. Buddha ist zweifelsfrei der stärkere Denker, Jesus der tiefer Fühlende. Von den vier Männern, die Karl Jaspers für die Maßgebenden der Menschheitsgeschichte hält – Konfuzius, Buddha, Sokrates und Jesus –, hat Jesus ohne Zweifel die intensivste Anima-Integration, die größte Harmonie von Männlich-Weiblich.« (S. 34f)

Kurzum: Alt bleibt dem Leser eine klare und überzeugende Antwort schuldig, warum er gerade in Jesus das große Vorbild erblickt. Was bewahrt Alt vor der Wahrscheinlichkeit, willkürlich und subjektiv eine Figur der Antike besonders zu verehren und damit gerade nicht auf den Eigenanspruch Jesu einzugehen? Zwar wendet sich Alt gegen jeden Versuch, ein idealistisches Jesus-Bild zu entwerfen (S. 28), läuft aber mit derart subjektiven Argumenten selbst Gefahr, das Fundament für ein eigenes Jesus-Ideal aufzustellen.[21]

Zu 1.: *Die höchste Instanz*
Wer entscheidet über den wahren Jesus?

Hier sind wir nun am zentralen Nerv des Altschen Ansatzes angelangt. Die ausschlaggebende Frage lautet: An welche Instanz appelliert Alt, um den Leser davon zu überzeugen, daß durch ihn nun endlich der wahre Jesus »offenbart« wird?! Alt leitet sein neues Jesus-Bild vordergründig von der Bibel ab. Sie scheint zunächst höchste Instanz zu sein. Bei genauerem Hinsehen wird jedoch deutlich, daß die Evangelien lediglich das wahre Jesus-Bild *erahnen lassen* und nicht direkt präsentieren. Der Evangelienstoff muß demnach gesichtet werden. Alt ist von einer höheren Instanz abhängig, die ihn dazu befähigt, den Weizen von der Spreu in den Evangelien zu scheiden und somit zum wahren Jesus vorzudringen. Alt bedient sich gewisser Kriterien, hinter denen er eine Auswahl darüber trifft, wo der wahre Jesus *hinter* den Evangelien anzutreffen ist:

---

[21] Christusgläubige folgen einem Phantom, Alt jedoch dem wahren Jesus (S. 47).

Dort ist z.B. der wahre Jesus vorzufinden, wo der reale, anima-animus-integrierte, identisch lebende Mann Jesus spricht und handelt. *Dort* ist der wahre Jesus anzutreffen, wo Frieden, angemessener Umgang mit Frauen und Kindern, Liebe, Befreiung von Zwängen, wo Autonomie und emanzipatorische Kräfte geweckt, wo politische und ökologische Vernunft und Heilung angesprochen werden.

Hiermit schließen wir unsere Erörterung des Grundansatzes von Alt ab. Vor allem der letztgenannte Punkt soll in einer nun folgenden Beurteilung kritisch hinterfragt werden.

Beurteilung

Der problematische Grundansatz

Ich greife die oben gestellte Frage bezüglich der Instanz, mittels derer Alt über verbindliche Wahrheit entscheidet, deshalb auf, weil ich in diesem Punkt das zentrale Problem, ja den zentralen Irrtum des vorliegenden Buches sehe.[22] Alt entscheidet m.E. selektiv (und mitunter willkürlich), worin der historisch-kritischen Theologie recht zu geben und worin von ihr abzuweichen ist. Seine letzte Instanz ist das moderne und ideale Weltbild, welches er sich nach persönlicher Neigung zu eigen gemacht hat. Von dieser Warte aus wird im Einzelfall sowohl über die Überzeugungskraft der historisch-kritischen Theologie als auch über den Inhalt der Evangelien entschieden.

In Anlehnung an *N. Perrin* und *R. Bultmann* erkennt Alt lediglich wenige Eckdaten über das Leben Jesu als historisch völlig gesichert an.[23] Um so erstaunlicher ist daher die Tatsache, daß Alt u.a. die bis etwa um die Jahrhundertwende[24] vertretene historisch-kritische Haltung teilt, daß das Markusevangelium noch mehr oder weniger historisch glaubwürdig sei[25]. Alt weiß unter Einbeziehung der Tie-

---

[22] Damit ist natürlich auch das Grundproblem einer weitverbreiteten theologischen Denkrichtung angesprochen, welche der »Publizist« Alt lediglich ebenso redegewandt wie unkritisch vermarktet.

[23] S. 30

[24] Vor Erscheinen von William Wredes Buch Das Messiasgeheimnis in den Evangelien, Göttingen 1901.

[25] S. 54: ». . . Den historischen Jesus treffen wir also noch recht genau bei Markus.«

fenpsychologie (S. 33) trotz aller Kritik bis ins Detail, wie das neue Lebens-Programm der animus-anima-Integration Jesu historisch und psychologisch aussah.[26] Er schätzt ferner den Text des Neuen Testaments dann hoch ein, wenn es darum geht, Jesu programmatische Aussagen über das neue Leben (vgl. die Bergpredigt) zu würdigen. Hier bestehen keinerlei Zweifel, daß jene Aussagen allesamt von Jesus stammen. Auch gesteht Alt Jesus die Aussage »Ich bin der Weg« zu, allerdings mit dem erklärenden Zusatz, daß Jesus eben nur *einen* Weg zu Gott aufzeigt. Alt verschweigt, daß derselbe Evangelist Johannes von Jesus die Aussage »Ich bin das Brot des Lebens: wer zu mir kommt, wird nicht hungern, und wer an mich glaubt, wird nimmermehr dürsten« (Johannes 6,35) überliefert. Alt betont, daß Jesus den *liebenden* Vater »mit mütterlichen Eigenschaften« vorstellt, unterschlägt jedoch, daß Jesus in seinen weithin als *authentisch akzeptierten Gleichnissen* nicht nur von dem liebenden, einladenden Vater spricht, sondern eben auch von Gericht, Verantwortung vor Gott und Ausschluß (Matthäus 25,34.41; vgl. Markus 8,38).

Was ist nun aus den Evangelien über den »wahren« Jesus zu entnehmen: ein extrem kritisches Minimum oder ein konservatives Maximum?[27] In dieser Willkür im Umgang mit dem apostolischen Zeugnis der Evangelien liegt, wie schon erwähnt, das fundamentale Problem des vorliegenden Jesus-Buches. Dabei lehnt sich Alt opportunistisch dort an die Kriterien des historisch-kritischen Zugangs zu Jesus an, wenn sie seinem Lebenskonzept einer animus-anima-integrierten Existenz dienlich sind.

Spätestens ab Seite 118 wird vollends deutlich, welche Instanz

---

[26] Erstaunlich klingen dann folgende »konservative« Aussagen: »Wer die Geographie Galiläas gesehen hat, den wundert es nicht, daß im Neuen Testament sowohl von einer ›Bergpredigt‹ bei Matthäus, einer ›Feldpredigt‹ bei Lukas und sogar von einer ›Seepredigt‹ bei Markus die Rede ist« (S. 29). Jesu Taufe ist kein Mythos, sondern eine Tatsache (S. 45), weil sich derjenige, der sich taufen läßt, niemals für Gott hält (S. 46; die Begründung ist allerdings unhaltbar).

[27] Die Kriterien, die Alt auf S. 45 aufstellt (nach K. Herbst), sind zu undurchsichtig, um brauchbar zu sein. Sie scheinen jedoch eher einen konservativen Umgang mit den Evangelien als eine radikale Kritik zu implizieren. Deutlich wird allerdings, daß Alt eine reale Transzendenz ausschließt und die fundamentale Heilsbedeutung Jesu (stellvertretender Tod Jesu als Sühnung vor Gott) leugnet.

Alts Jesus-Bild definiert: »Mit einem Gott, der zur ›Vergebung unserer Sünden‹ einen geliebten Menschen ermorden lassen muß, *möchte ich nichts zu tun haben.*«[28] Hier bestimmt Alt über Jesus und nicht Jesus über Alt: »Der neue Mann Jesus hat mit seinem neuen Gottesbild die Theologie der Schuld und der Opfer überwinden und die Menschen von ihrem schlechten Gewissen befreien wollen« (S. 119). Aber schon bezüglich der Auferstehung Jesu wird der Leser hellhörig: »Eine bis heute wundergläubige Theologie und Verkündigung erklärt Jesus am Kreuz für tot; verwandelt seine Leiche anschließend in ein Gespenst, das sich je nach Bedarf sichtbar oder unsichtbar machen und schließlich in die Wolken aufschweben kann. *Eine Zumutung für jeden denkenden Menschen. Welch primitives Jesus- und welch primitives Gottes-Bild . . .* Entscheidend ist, daß der liebende Vater des Jesus von Nazareth so primitiven Hokuspokus nicht nötig hat. *Daß Gott eine Leiche aufrichtet, ist gottwidrig . . .*«[29]

Spätestens mit diesen Aussagen entblößt sich Alt höchstpersönlich als letzte Instanz der Entscheidung über den wahren Jesus.

Der vorsichtige Leser kann sich des Eindrucks nicht erwehren, daß Alt krampfhaft versucht, nicht nur den Leser, sondern auch den wahren Jesus für *seine Sache* zu gewinnen! Mehr als in vielen anderen Jesus-Bildern der letzten 200 Jahre ist bei Alt der Zeitgeist der Antriebsmotor, Jesus selbst aber der Anhänger, das Objekt, ja der geschickt plazierte Köder, mit dem um eine »neue« Sache geworben wird.[30]

Der motivierende Faktor in Alts Programm ist offensichtlich nicht die unvoreingenommene Frage nach der Person, der Identität und vor allem nach dem Anspruch Jesu, sondern *die notwendige Suche nach dem Neuen*[31], nach dem Programm, welches aus der Aporie

---

[28] S. 118 (Hervorhebung HFB).
[29] S. 55f (Hervorhebung HFB). Vgl. ähnliche Formulierungen bei R. Bultmann, »Neues Testament und Mythologie«, in: Kerygma und Mythos I, hrsg. v. H.-W. Bartsch, Hamburg ³1954 (1948), S. 20f.
[30] Vgl. die Überschrift zu Kap. 8 (S. 156ff): »Mit Jesus in die neue Zeit«.
[31] Diese Tatsache wird auch dadurch bestätigt, daß Alt die Traumanalyse und die Entdeckung der animus-anima-Integration in einer eigenen Lebenskrise macht. Besonders hervorzuheben ist Alts Betonung der »Erfahrung« über »Wissenschaft«; S. 127.

der Moderne führen kann. Es geht Alt um das Überleben der Menschheit, nicht um Jesus.

Fragwürdige Konsequenzen

Aus dem selektiven, ja z.T. willkürlichen Umgang mit den apostolisch beglaubigten Quellen entstehen neben einem verkürzten Jesus-Bild u.a. eine verzerrte Anthropologie[32], eine verkümmerte Soteriologie und Hamartiologie sowie ein rein immanent verstandenes Gottesreich-Verständnis. Jesus ist und bleibt lediglich ein großes Vorbild: Jesus *der Mensch*. Die Göttlichkeit Jesu wird geleugnet (S. 46). Alt betont: »Männer haben aus dem Menschensohn einen Gottessohn gemacht« (S. 81). Er übersieht dabei, daß der von Jesus selbst gebrauchte Terminus »Menschensohn« u.a. auch ein Hoheitstitel (Dan 7,13) ist!

Jesu Sühneleiden wird verworfen. Ich wiederhole die schon zitierte Aussage Alts: »Mit einem Gott, der zur ›Vergebung unserer Sünden‹ einen geliebten Menschen ermorden lassen muß, möchte ich nichts zu tun haben« (S. 118). Dagegen betont Jesus: »Der Menschensohn muß gehen, wie geschrieben steht. Wehe aber dem, durch den er verraten (übergeben) wird« (Matthäus 26,24).[33] Alt bemerkt ferner: »Der neue Mann Jesus hat mit seinem neuen Gottesbild die Theologie der Schuld und der Opfer überwinden und die Menschen von ihrem schlechten Gewissen befreien wollen« (S. 119). Dagegen sagt Jesus in Markus 10,45: »Denn auch der Sohn des Menschen ist nicht gekommen, um bedient zu werden, sondern um zu dienen und sein Leben zu geben als Lösegeld für viele.« Parallel hierzu vertritt Alt eine oberflächliche und verharmlosende Vorstellung von Sünde und Sündenvergebung; er betont: »Wer wirklich liebt, dem sind die Sünden vergeben« (S. 62). Hier werden einige Aussagen Jesu völlig kontextlos vorgetragen, als ob Jesus niemals über seinen Tod als Modus der Sündenvergebung gesprochen hätte.[34] Alt vermittelt aufgrund seines immanenten Weltbildes ferner eine stark dezimierte

---

[32] Siehe supra, S. 5f.
[33] Vgl. ferner die sehr gut bezeugte Abendmahlstradition in Markus 14,22-25 par.
[34] Vgl. S. 153: »Zufriedenheit mit mir selbst . . . (als) Voraussetzung für die wahre Liebe.«

Gottesreich-Auffassung: ». . . Jesu ›Himmelreich‹ oder ›Reich Gottes‹ *ist* keine andere Welt als die gegenwärtige, aber die gegenwärtige in einem völlig neuen Zustand – jene Welt, nicht von dieser
Welt . . .« (Joh. 18,36).[35] Analog hierzu allegorisiert Alt Berichte von
Wunderheilungen in den Evangelien im Sinne von tiefenpsycholo-
gischer Verarbeitung der Vergangenheit.[36]

Insgesamt ist festzuhalten, daß Alts subjektiver Umgang mit den
Quellen zu unfundierten und daher letztendlich unbrauchbaren
Konsequenzen führt. Der Gesamtanspruch Jesu und Alts Ausfüh-
rungen klaffen weit auseinander.

Hilfreiche Einzelbereiche

Obwohl Alt mit seinem fertigen Weltbild als letzte Instanz über die
Gestaltung des neuen Jesus-Porträts verfügt, vermittelt er dennoch
brauchbare Denkanstöße für denjenigen, der den wahren Jesus
sucht. Ich nenne stichwortartig einige Aspekte:

– Hinsichtlich des persönlichen Umgangs miteinander deutet Alt
auf wichtige Schwachstellen in unseren privaten und gesellschaftlichen Beziehungen, z.B. die Unfähigkeit des Mannes, Gefühl zu zeigen,
»die Seele locker zu machen«. Hierbei betont Alt die Zentralität des
menschlichen Herzens und bemerkt: »Die Hauptursache aller
menschlichen Krankheiten ist das durch falsches Denken verdorbe-
ne menschliche Herz« (S. 55).

– Seine Präsentation ist ehrlich und persönlich. Er scheut keine
Selbstentblößung oder Selbstkritik. So bemerkt er z.B. zwischen-
durch: »Auch ich habe die Krankheit ›Reden statt Tun‹ durchge-
macht und bleibe immer für sie anfällig« (S. 79). Alt formuliert und
denkt praktisch, lebensnah und integrierend. Er betont die Zusam-
mengehörigkeit von Vernunft und Vertrauen, Wissen und Gewissen, Religion und Politik (S. 19).[37]

---

[35] Vgl. Hättich, Weltfrieden, S. 18: »Es ist eine Tendenz unserer Zeit, die Bibel mehr
innerweltlich, sozialkritisch oder gar politisch zu begreifen.«
[36] S. 51f. Vgl. M. Hättich, Weltfrieden, S. 17 über F. Alt, Frieden ist möglich: Die
transzendente, übernatürliche Dimension fehlt in Alts Weltbild gänzlich. Vgl.
ferner E. Drewermanns tiefenpsychologische Interpretation der Evangelien.
[37] Natürlich wäre hier im einzelnen zu klären, was Alt unter diesen Begriffen jeweils versteht.

– Entschieden setzt sich Alt für die Ehrfurcht vor allem Leben ein. Obwohl Alt grundsätzlich wenig Kritik an modernen Bewegungen übt[38], bezichtigt er jedoch den Feminismus der Inkonsequenz hinsichtlich der Abtreibung ungeborener Menschen (S. 104)[39]. Alts Buch enthält ferner hilfreiche Perspektiven zum Thema Ehe[40] und Familie[41].

Abschließende Bemerkungen

Nach der Lektüre von »Jesus – der erste neue Mann« komme ich zu dem Ergebnis, daß Alt diesen wahren Jesus keineswegs sucht. Sonst wäre Alt vielleicht doch in die Einflußsphäre Jesu und seines exklusiven Selbstanspruchs geraten.

Die am 2. Nov. 1990 in der Zeitung »Die Zeit« durch Franz Alt besorgte Rezension von Hans Küngs Buch »Projekt Weltethos«[42] mag hierzu als Illustration dienen. Mit keiner Silbe bemängelt Alt, daß Küng im Zuge der Notwendigkeit eines Weltethos und im Zuge der Ökumene die sog. Religionsfreiheit fordert, was in Küngs Gesamtansatz soviel bedeutet wie den Absolutheitsanspruch Jesu (zugunsten des Religionsfriedens) zu opfern. Letztendlich kritisiert Alt bei Küng lediglich, daß letzterer noch hofft, innerhalb bestehender kirchlicher Strukturen Änderungen zu bewirken. Alt hingegen ist davon überzeugt, daß eine religiöse Revolution »von unten« alte

---

[38] Vgl. jedoch auch Alts Kritik auf S. 131f bezüglich der »vorder-gründigen New Age-Bewegung«, die sagt: »Du bist o.k., was auch immer du tust.« Vielmehr soll der Mensch, so Alt, auf das Gewissen hören.

[39] Vgl. S. 98: »Am schwächsten sind die Ungeborenen.«

[40] Ehe als bedeutsame Lebensschule der erotisch-geistig-seelischen Umarmung. Allerdings bleiben auch viele Fragen offen: ist z.B. vorehelicher oder gar außerehelicher Geschlechtsverkehr akzeptabel? (vgl. S. 88). Wie die Tatsache zu werten ist, daß sich Alt gegenwärtig vor dem Familiengericht in Köln wegen unterbliebenen Unterhaltszahlungen für seine in außerehelicher Affäre geborenen Zwillinge zu verantworten hat, muß offen bleiben. Daß die Zwillinge überhaupt leben, spricht für Alts ehrlichen, lebensbejahenden Ansatz trotz ethisch verwerflicher Affäre; daß die Zwillinge ihn scheinbar nur aus dem Fernsehen kennen (so H. Matthies, »Am Rande notiert«, idea-spektrum, 27. März 1991, S. 16.), zeugt von Unverantwortlichkeit.

[41] Alt betont die Notwendigkeit, sich Zeit für die Kinder zu nehmen (S. 79f). Vgl. dies jedoch mit vorhergehender Anmerkung!

[42] Siehe Anm. 15.

»Auslaufmodelle« wie z.B. die »Männerkirche« umwerfen wird. Der religiöse Glaube des einfachen Menschen an Gott zählt!

Wie schon erwähnt: Nicht der wahre Jesus ist im Zentrum des Interesses, sondern das Überleben der Menschheit. Wenigstens in dieser Hinsicht gibt es keine wesentlichen Unterschiede zwischen Alt und Küng.[43]

Jesus-Porträts können in der Sachliteratur nur dann von *bleibender* Bedeutung sein, wenn der Zugang zur Quelle Jesus überzeugt. Wer in die besondere Quelle des Neuen Testamentes eingreift, läuft unmittelbar Gefahr, sich *seinen* Jesus zurechtzulegen.[44] Das sachgemäße Porträt Jesu setzt meines Erachtens aufgrund des mehrdimensionalen Charakters des Neuen Testament immer voraus, daß der apostolisch bezeugte Jesus über den Menschen und nicht der Mensch über Jesus verfügt. Ich hatte in Anlehnung an *M. Kähler* schon betont, daß nur der gepredigte Christus der Apostel der wahre Christus ist. Über Kähler hinausgehend kann beobachtet werden, daß dieser gepredigte Christus in nachvollziehbarer Relation zum historischen Zeugnis über Jesus steht. Wir können davon ausgehen, daß das apostolische Zeugnis über Jesus wirklich als verläßliches Zeugnis gewertet werden kann, da Jesus als Lehrer und Prophet unter seinen Lebensgefährten in einer Lebens- und Lehrgemeinschaft wirkte und ihnen im Lauf seiner Tätigkeit vorausblickende Interpretationsraster an die Hand gab, mittels derer sie die Ereignisse von Tod und Auferstehung verläßlich und im Sinne Jesu deuten konnten. Es ist historisch unsachlich, zwischen dem historischen Jesus und dem geglaubten Christus der Urgemeinde einen Keil zu treiben, wie dies Alt vielen Theologen unkritisch vom Munde abliest. Jesus wirkte u.a. als Interpret seines eigenen Geschicks (Markus 10,45; 14,25).[45] Daraus ergibt sich die Konsequenz, daß das Jesus-Porträt der Urgemeinde zumindest im Kern Jesu prophetisch-

---

[43] Es bestehen allerdings zwischen Alt und Küng Unterschiede, was die Relevanz der Bergpredigt Jesu im öffentlichen Staatsgefüge betrifft: Hier hält Küng gegen Alt an einer stärkeren Differenzierung zwischen »Gesinnungsethik« und »Verantwortungsethik« fest.

[44] Zwar erkennt Alt diese Gefahr, verfällt ihr meines Erachtens dennoch (S. 88).

[45] Siehe hierzu Hans F. Bayer/Robert Yarbrough, »O. Cullmanns progressiv-heilsgeschichtliche Konzeption«, in: Helge Stadelmann (Hrsg.), Glaube und Geschichte, Gießen/Wuppertal ²1988 (1986), S. 319-347.

vorgegebenes Selbstporträt darstellt. Folgende Faktoren unterstreichen u.a. die Nähe zwischen Jesus, seinen Zeugen und den Evangelien: Es bestehen das Faktum der Personalkontinuität, die hohe Wahrscheinlichkeit der gewissenhaften Traditionsüberlieferung, die Tatsache, daß gemäß des Eigenzeugnisses des Neuen Testaments der geniale Impuls nicht von der Urgemeinde, sondern von Jesus selbst ausging. Neben anderen Theologen betont *R. Riesner* in seiner Dissertation »*Jesus als Lehrer*«[46] die weiteren Faktoren der Jünger*berufung* (anstatt Lehrersuche), der Aussendung u.a. zur Vertiefung der Lehrinhalte, der Lebens- und Lehrgemeinschaft und damit wiederum die Schaffung eines pädagogischen Rahmens für einprägsames Lernen[47]. Nicht zuletzt sollte auch die Unterweisung des Auferstandenen unvoreingenommen mit beachtet werden (Lukas 24). Dies sind einige Faktoren, die die künstliche Trennung zwischen Jesus einerseits und den urchristlich-apostolischen Zeugen andererseits als unsachgemäß erscheinen lassen.

Die neue Jesus-Interpretation Alts ist primär auf dem Hintergrund von Alts vorgefaßtem Weltbild verständlich. Das entstehende Jesus-Bild ermangelt historisch-biblischer Authentizität und scheint zusätzlich lediglich als Mittel zum Zweck eine Rolle zu spielen. Wir sind gut beraten, eher an Alt als am urchristlichen, im Kanon sich niederschlagenden Zeugnis irre zu werden. Viel mehr, als Alt dies zu tun gewillt ist, soll der wahre Jesus für aktuelle Jesus-Porträts ernstgenommen werden, weil nach dem neutestamentlichen Zeugnis Jesus Christus nicht nur ein Vorbild, sondern der Herr der Welt ist und er auf seine Weise die Probleme angeht, die Alt und uns bewegen.

Die z.T. treffende Diagnose der gegenwärtigen Lage der Menschheit bedarf als Therapie keines *neuen* Jesus-Bildes, sondern vielmehr eines *tieferen* Eingehens auf den im Neuen Testament dargestellten Jesus Christus, einschließlich der Umkehr des Menschen zur persönlichen *Verbindung* mit dem lebendigen Jesus sowie der stärkeren

---

[46] Tübingen ³1988 (1981), S. 415-517; 453ff; 476ff.

[47] Der alttestamentliche Hintergrund für demonstrierte, bildhafte, prophetische Lehre ist mannigfaltig belegbar. Man denke nur an die »Lebenspredigt« der Propheten Hosea und Jona, sowie an Elisa und den »bogenschießenden« König Joasch (2. Könige 13,14-19).

Beachtung verdrängter Aspekte des Wirkens Jesu im Gläubigen.

Alt legt besonders im Bereich der zwischenmenschlichen Beziehungen seinen Finger auf verschiedene Punkte, die den Christusnachfolger noch mehr herausfordern, »identisch« zu leben, d.h. aus dem stellvertretenden Sühnetod Jesu in Verbindung mit ihm zu leben, den lebendigen Jesus im Gehorsam ernst zu nehmen, auf ihn zu vertrauen und seine Anweisungen in Leben und Gesellschaft immer wieder offen und neu zu bedenken und sie dann auch u.a. in sachliterarischen und belletristischen Jesus-Porträts zu vermitteln.

Die detaillierte Bestimmung von Möglichkeit und Grenze eines dem Gegenstand angemessenen, sachliterarischen Jesus-Porträts kann erst dann erfolgen, wenn der Umgang mit der beglaubigten, apostolischen Zeugnisquelle (Neues Testament) unzweideutig feststeht. Wer an dieser bezeugten Quelle etwas verändern will, läuft unweigerlich Gefahr, subjektives Fremdgut auf Jesus zu projizieren und sich somit als seriöser Kommunikator des wahren Jesus Christus zu disqualifizieren.

Die letztendlich unfundierte und unsachliche Arbeit Alts unterstreicht als Negativbeispiel die Notwendigkeit, aktuelle Jesus-Porträts zu entwerfen, welche die Quellen in ihrer Gesamtheit ernst nehmen und *dennoch* die brennenden Fragen der heutigen Zeit glaubwürdig und direkt ansprechen.[48]

Sind Menschen im deutschsprachigen Raum an diesem wahren Jesus interessiert? Ich meine ja. Gute Sachliteratur kann und soll dieses echte Interesse am wahren Jesus fördern. Dabei ist bei Alt trotz aller notwendigen Grundsatzkritik einiges hinsichtlich lebendiger, lebensnaher, ehrlicher, offener und kompromißloser Redensweise (und z.T. auch Lebensweise) zu lernen.

Unabhängig von Alt können zusätzlich Phantasie, Kreativität und historische Rekonstruktion, die auf dem sicheren Fundament des beglaubigten Zeugnisses aufbauen, einen angemessenen Platz einnehmen. Es ist von großer Bedeutung, die Not, die Angst, die Sprache unserer Mitmenschen *mit zu teilen*, um dann jedoch die frohe Botschaft des wahren und bezeugten Jesus in Wort und Tat *mitzuteilen*.

---

[48] Alt warnt mit Recht vor der Gefahr, in der Jesus-Kontemplation die Welt zu vergessen (S. 23).

Rainer Riesner

Jesus-Darstellungen im Sachbuch

Jesus der Jude zwischen Alt und Anti-Alt

Welcher literarischen Gattung ist eigentlich das Buch »Jesus – der erste neue Mann«[1] von *Franz Alt* zuzuordnen? Diese Frage scheint bei der Würdigung in einem Literatur-Jahrbuch nicht unpassend. Es geht sicher nicht um einen historischen Beitrag, dazu sind die vorgetragenen Deutungen allzu phantastisch. Wir haben es aber auch nicht mit einer künstlerischen Verarbeitung zu tun, denn dafür ist die Sprache zu miserabel. Alts Stil bewegt sich irgendwo zwischen Spiegel- und Bild-Zeitungs-Deutsch. Eine Veröffentlichung, die weder historischen noch ästhetischen Wert besitzt, bezeichnet man im Deutschen oft als Sachbuch. Hätte Alt in neutestamentlicher Zeit geschrieben, wäre vielleicht ein apokryphes Evangelium mit Stilelementen der kynisch-stoischen Diatribe herausgekommen. In Abwandlung der letztgenannten antiken Literaturgattung könnte man Alts Buch eine Sammlung von popularpsychologischen Jesus-Predigten nennen. In der Tat weist die Publikation die guten, vor allem aber die schlechten Eigenheiten einer Predigt-Sammlung auf. Alt will dem Leser zu Herzen gehen, deshalb wird dieser direkt und persönlich angesprochen. Es erfolgt ein wahres Bombardement von Fragen, Zitaten, Beispielen und Schlagworten. Kaum einmal gelingt es dem Prediger, einen Gedanken über eine (recht kleine) Seite weiterzuführen. Zwischentöne sind äußerst selten, fast immer geht es nur um ein Entweder-Oder. Die zusammengebundenen Vorträge gerieten offenbar nicht auf den Schreibtisch eines Lektors, denn es sind Wiederholungen und Überschneidungen im Übermaß stehengeblieben. Das Buch, das ist hervorzuheben, besitzt sogar eine Literaturliste. Der am meisten vertretene Autor heißt allerdings Franz Alt.

Natürlich vermag man selbst in Alts Buch noch Gutes zu finden.

[1] Jesus – der erste neue Mann, München/Zürich 1989

72

Er erwartet eine Verbesserung des gesellschaftlichen Klimas durch die Heilung von Familienbeziehungen und hält die gegenwärtige Abtreibungspraxis für unvereinbar mit ökologischer Ehrfurcht vor dem Leben. Hier kann man ihm nur bei denen seiner Freunde Gehör wünschen, die aus der Konkursmasse der DDR wenigstens noch Kinderkrippen und Fristenlösung retten wollen. Allerdings pries der Verlag das Buch in großformatigen Zeitungsanzeigen nicht nur als Heilmittel gegen den Golfkrieg, sondern auch als Beitrag zur Abschaffung des Paragraphen 218 in Gesamtdeutschland an. Innerlich am nächsten fühlte ich mich Alt als Vater eines anderthalbjährigen Sohnes beim Kapitel »Jesus und die Kinder«. Ich gebe Alt darin völlig recht, daß Kinder heute in verheerendem Ausmaß um die ihnen entsprechende Lebensgestalt betrogen werden, indem wir die Grenzen eines zwanghaften Erwachsenwerdens immer weiter vorverlegen. Allerdings schlägt Alts naiv-optimistische Anthropologie selbst hier noch durch. Man wird den Verdacht nicht los, die idyllische Schilderung der Beziehung zu seinen beiden eigenen Töchtern könnte auch damit zusammenhängen, daß er sie als vielbeschäftigter Fernsehjournalist und Demonstrationsredner zumindest früher relativ selten gesehen hat.

Mein polemischer Beitrag setzt die detaillierte und noble Kritik von Hans F. Bayer voraus.[2] Ich brauche nicht in alle Einzelheiten zu gehen. Bayer hat vor allem den Finger auf Alts atemverschlagenden Umgang mit den Quellen gelegt. Sein historisch-unkritischer Grundsatz lautet letzten Endes: Echt ist, was mir gefällt. Für die Erklärung der Auferstehung Jesu durch die Scheintod-Hypothese schließt sich Alt seinem exegetischen Vorbild *Karl Herbst* an.[3] Der Urheber dieses platten Aufklärichts war allerdings *Carl Friedrich Bahrdt* (1741- 1792). Alt will ja nun eigentlich den »Männerphantasien« von anima-desintegrierten Persönlichkeiten mißtrauen. Bahrdt wird man nach seiner Lebensgeschichte aber kaum als anima-integrierten Mann bezeichnen können, eher schon als entsetzlichen Chauvi. Seine Leipziger Professur verlor er wegen eines nicht

---

[2] Jesus-Interpretationen in der Sachliteratur: Franz Alt, Jesus – der erste neue Mann (in diesem Band S. 55ff)
[3] Der wirkliche Jesus, Olten 1988, S. 223ff

nur wissenschaftlich begründeten Interesses an Dirnen, einen Erfurter Lehrstuhl mußte er aufgeben, weil die Kollegen sein ständiges Intrigieren satt hatten. Zum Schluß verstieß Bahrdt auch noch seine Frau, die ihn durch das Führen einer Weinschenke über Wasser gehalten hatte. Vermutlich entschuldigt den Verfasser das Unwissen um die geistesgeschichtlichen Zusammenhänge. Freilich sollten wir Alt hoch anrechnen, daß er Bahrdt nicht in der Art der Publikation gefolgt ist. Man bedauert heute noch Albert Schweitzer, der für seine kritische Darstellung der Leben-Jesu-Forschung die elf Bände Bahrdts über »Ausführung des Plans und Zwecks Jesu« aus den Jahren 1784-1792 mit über dreitausend Seiten lesen mußte.[4] Alts Buch kostet dagegen höchstens einen verdorbenen Nachmittag oder Abend.

Vor dem Heidelberger Pädagogik-Professor *Micha Brumlik* muß man Respekt haben, denn er besitzt in seltener Weise Zivilcourage. Während des Golfkrieges las er seinen Freunden aus der linksintellektuellen Szene die Leviten, die aus lauter Dritte-Welt-Romantik die tödliche Bedrohung des Judenstaats nicht zu erkennen vermochten. Brumlik stellte sich in der Stunde existentieller Not auf die Seite des Staates Israel, dessen Politik er vorher oft genug scharf kritisiert hatte.[5] Wie es in der Bundesrepublik nicht einmal ein deutscher Jude ohne Gefahr für seine akademische Karriere wagen darf, wider den linksliberalen Stachel zu löcken, darüber kann man Aufschlußreiches beim Münchner Historiker Michael Wolffsohn nachlesen.[6] Brumlik ist seit dem Historiker-Streit dafür bekannt, daß er die Vorwürfe des Revisionismus und Antijudaismus lieber zu früh als zu spät erhebt.[7] Aber zu seiner Ehre sei gesagt, daß er hier nicht nur auf der konservativen oder rechten Seite des politischen Spektrums fündig geworden ist. Brumlik hat ein gut gehütetes Tabu unserer Medien gebrochen und ein erschreckendes Maß an Antijudaismus im Bereich von Feminismus und Friedensbewegung aufge-

---

[4] Geschichte der Leben-Jesu-Forschung, Tübingen 1913, S. 38-44
[5] Vgl. die Dokumentation bei H.M. Broder (Hrsg.), Liebesgrüße aus Bagdad, Berlin 1991
[6] Keine Angst vor Deutschland!, Erlangen 1990, S. 24f
[7] Neuer Staatsmythos Ostfront, in: Historikerstreit, München/Zürich 1989, S. 77-83

deckt.[8] In seinem bewußt als Pamphlet aufgemachten Buch »Der Anti-Alt« mit dem bemerkenswerten Untertitel »Wider die furchtbare Friedfertigkeit« nennt Brumlik Alts Jesus-Buch »den ersten antisemitischen Bestseller in Nachkriegsdeutschland«.[9]

Man sollte es Alt zwar abnehmen, daß er jede Form des rassischen Antisemitismus verabscheut.[10] Aber in der Tat sind allzu viele seiner Sätze über das Alte Testament und das Judentum der Zeit Jesu unerträglich. Ich überlasse es Berufeneren, darüber zu urteilen, ob Brumliks Psychoanalyse der Persönlichkeit von Franz Alt in Freudschen Kategorien gelungen ist. Ich gebe allerdings zu, daß Alts Art zu schreiben zu solch einem Versuch reizt. Trotz allen ehrlichen Zugestehens von Schwächen und Fehlern wird im Buch doch nur allzu deutlich, was *Ansgar Graw* als frohe Botschaft Alts in die Worte faßt: »Ich bin der zweite neue Mann.«[11] Bei Brumliks Gesamtanalyse der deutschen Volksseele nach 1945 ist mir genauso wenig wohl wie bei Alts Globalanalyse der ganzen Menschheit nach dem Modell von Jung. Was ich allerdings, durch Brumlik vermittelt, neu erfahren habe: Auch *Carl Gustav Jung* geriet in bedenkliche Nähe zur nationalsozialistischen Weltanschauung.[12] Große Männer machen tatsächlich schreckliche Geschichten. Jungs Schülerin *Hanna Wolff* ist dann Alts Kronzeugin für seine Sicht des Judentums als erstarrter patriarchalischer Gesetzesreligion geworden, deren Einfluß auch noch weithin das Christentum verdorben hat.[13]

Hier seien nur zwei von vielen schlimmen Aussagen Alts zitiert: »Jede Harmonisierung und Vermischung des Gottesbildes Jesu mit dem patriarchalischen Richter-Gottesbild des Alten Testaments ist Gift für lebendige Religion ... Im Alten Testament steht Gott meist für den allmächtigen Patriarchen – Jesu ›Abba‹ ist der mütterlich-

---

[8] Die Angst vor dem Vater. Judenfeindliche Tendenzen im Umkreis neuer sozialer Bewegungen, in: A. Silbermann/J.H. Schoeps, Antisemitismus nach dem Holocaust, Köln 1986, S. 133-162

[9] Der Anti-Alt. Wider die furchtbare Friedfertigkeit, Frankfurt 1991, S. 7

[10] Vgl. F. Alt, Nationalistisch eingeengtes Gottesbild vom auserwählten Volk, in: Allgemeine Jüdische Wochenzeitung 48 v. 1. Dez. 1989, S. 12

[11] Journalistische Verirrungen auf den Spuren Jesu, Trans Media 1/2 (1990), S. 10

[12] Der Anti-Alt (Anm. 9), 39f. Vgl. weiter T. Evers, Mythos und Emanzipation – Eine kritische Annäherung an C.G. Jung, Hamburg 1987, S. 139f

[13] Neuer Wein – alte Schläuche, Stuttgart 1981

liebende Vater. Der eine hat mit dem anderen nichts zu tun. Einen größeren Gegensatz gibt es religionsgeschichtlich nicht.«[14] Es ist für *Brumlik* leicht nachzuweisen, daß hier ein religionsgeschichtlicher Dilettant schreibt. Mit Recht findet auch eine Behauptung wie die folgende Brumliks scharfe Kritik: »Jesu Jünger und die Evangelisten waren typische Juden ihrer Zeit. Jesus war kein typischer Jude.«[15] Hier ist die Gefahr, alte antisemitische Klischees wiederzubeleben, übermächtig. Vor allem aber sind Alts Sätze historisch falsch. Brumlik unterstreicht mit vollem Recht die große Vielfalt des neutestamentlichen Judentums, das man nicht ohne weiteres nach Analogie der späteren Orthodoxie beurteilen darf, wobei selbst in ihr noch Entwicklungen bis hin zu charismatischen Gruppen wie den osteuropäischen Chassidim möglich waren. Allerdings hat es im Judentum auch immer das Leiden an der Forderung des Gesetzes gegeben. Als Illustration dessen kann man für die Zeit Jesu das sogenannte 4. Buch Esra lesen[16] oder für unser Jahrhundert die Schilderung des ostjüdischen Schtetls durch Isaak Bashevis Singers nicht unbedeutenden Bruder *Israel Joshua Singer*[17]. Im Musical »Anatevka« bekommt man davon einen ersten Eindruck.

Auf unvergleichlich höherem Niveau ist allerdings auch *Brumliks* Jesus-Darstellung einseitig. Selbst wenn der Autor als Pädagoge erstaunlich viele christlich-theologische und judaistische Werke gelesen hat, erweist sich seine Literaturauswahl doch als begrenzt. Brumlik verläßt sich allzu sehr auf Autoren, die hinsichtlich unseres Wissens von Jesus skeptisch sind und seine Konflikte mit jüdischen Gruppen möglichst herunterzuspielen versuchen.[18] Letzteres ist als Reaktion auf eine schlimme antijudaistische Wirkungsgeschichte, die selbst Evangelientexte im Christentum hatten, psychologisch verständlich. Aber der Historiker muß darauf dringen, daß verständliches Erschrecken über christliches Versagen nicht die Inter-

---

[14] Jesus – der erste neue Mann (Anm. 1), S. 118, 120
[15] ebenda, S. 61
[16] Deutsche Übersetzung in: P. Riessler, Altjüdisches Schrifttum außerhalb der Bibel, Heidelberg ²1966, S. 255-309
[17] Von einer Welt, die nicht mehr ist. Erinnerungen, München 1991
[18] So vertraut Brumlik z.B. zu sehr E.P. Sanders, Paulus und das palästinische Judentum, Göttingen 1985

pretation neutestamentlicher Texte verfremdet. Alts und Brumliks Deutungen stoßen auf verschiedene Weise mit Jesu messianischem Hoheitsanspruch zusammen. Dieser Anspruch ist keineswegs eine nachträgliche Geschichtskonstruktion oder ein bloß theologisches Postulat. Auch rein historisch kann Jesus, vor allem die unbestreitbare Tatsache seiner Kreuzigung, ohne diesen Hoheitsanspruch nicht verstanden werden.[19] Ist aber Jesus der Messias Israels, dann gilt von ihm: Indem er das Alte Testament erfüllt, bringt er beides, die Bestätigung und die Korrektur von Anschauungen und Hoffnungen seiner jüdischen Mitbrüder. Den Apostel *Paulus* mögen weder Alt noch Brumlik. Während ihn Alt als angeblichen Anhänger des göttlichen Patriarchats geradezu haßt, ist er Brumlik nur als eigentlicher Gründer eines vom Judentum gelösten Christentums suspekt. Aber es war immerhin dieser Paulus, der schreiben konnte: »Christus ist ein Diener der Juden geworden um der Wahrhaftigkeit Gottes willen, um die Verheißungen zu bestätigen, die den Vätern gegeben sind; die Heiden aber sollen Gott loben um der Barmherzigkeit willen.«[20] Der Messias ist ein Jude, aber er ist nicht irgendein jüdischer Lehrer, über dessen Torah-Auslegung man weiter streiten kann, sondern in seiner Person Ziel und Ende des Gesetzes.

Alts Veröffentlichungen sind nicht eigentlich durch ihre Inhalte interessant, sondern als Indikatoren des Zeitgeistes. Seit seinem Bergpredigt-Buch[21] kann er ja schreiben, was er will – es wird immer ein Bestseller. Wie vermochte sich einer eigentlich die Behauptung zu leisten, als bisher einziger die Bergpredigt verstanden zu haben, und sie dann im Text seines Buches nur noch einmal zu zitieren? Alt vereinigt in seiner Person besonders paradigmatisch prägende Zeitströmungen, und er wirkte wenigstens zweimal als Schwellengestalt. Seine Konversion vom strammen Verteidiger der bundesdeutschen Ordnung zum Eiferer gegen die Nachrüstung half vielen, einen Meinungsumschwung innerlich zu legitimieren, zu dem sie das öffentliche Klima von außen ohnehin drängte. Nach

[19] Vgl. O. Betz, Jesus – Der Messias Israels, Tübingen 1987
[20] Römer 15,8f
[21] Frieden ist möglich. Die Politik der Bergpredigt, München/Zürich 1983. Vgl. meine ausführliche Rezension: Neues Evangelium oder altes Gesetz? Zu Franz Alts Friedensbuch, in: Schritte 5/1984, S. 15f

dem Scheitern des atheistischen Sozialismus bietet Alt nun ein ver-
lockendes Konglomerat aus Religion, Ökologie, Tiefenpsychologie
und Feminismus. Hier können sich verunsicherte Christen genauso
anschließen wie enttäuschte Sozialisten, desillusionierte Umwelt-
schützer und frustrierte MitgliederInnen der Frauenbewegung. Sie
alle dürfen wenigstens einen Teil ihrer Jugendträume in die diffuse
New Age-Spiritualität hinüberretten. Alt liefert einen Beitrag zur
Pathologie des Zeitgeistes. Er leidet an vielen unserer Zivilisations-
krisen, das macht ihn oft sympathisch, und er verschlimmert andere Zeitkrankheiten, das macht ihn manchmal unausstehlich.

Alt wird weiter gelesen, obwohl er als Prophet bisher nicht gerade erfolgreich war. Das wurde mir besonders deutlich, als ich noch
1989 als Gast eines katholischen Klosters Alts Bergpredigt-Buch
als Mittagslektüre noch einmal anhören mußte. Einige Male hätte
ich laut lachen mögen. Aber das verbot nicht nur die Klosterdiszi-
plin. Mir verging das Lachen, weil die Tischlesung nicht etwa zur Er-
heiterung in der nachösterlichen Freudenzeit ausgewählt worden
war, sondern als besonders ernsthafter Beitrag des Christentums
zur Rettung der Welt. Die Nachrüstungs-Krise ging anders aus, als
Franz Alt weissagte: Wahrscheinlich hat gerade die Festigkeit des
Westens Gorbatschow, der ursprünglich nur einen effektiveren
Kommunismus wollte, zu substanziellem Nachgeben nach außen
und innen gezwungen. Selbst wer diese politische Analyse nicht
teilt, wird nur mit Kopfschütteln Alts Elogen auf Gorbatschow lesen, die schon knapp zwei Jahre nach Erscheinen des Buches ver-
welkt sind. Gorbatschow erschien nächst Alt als der Zeitgenosse,
der Jesus noch am ehesten verstanden hat. Die Bewohner von Wilna
werden darüber mittlerweile eine begründete andere Meinung
hegen.

Im Zusammenhang mit Alts Jesus-Buch habe ich mich selbst einmal mit einer Voraussage versucht. Als ich letztes Jahr vor nord-
deutschen Pastoren über moderne Jesus-Bücher zu referieren hatte,
äußerte ich die Befürchtung, Alts nächstes Buch könnte den Titel
»Jesus in Tibet« tragen. Nachher machte mich ein Teilnehmer auf
ein Interview Alts aufmerksam, das mit folgenden Sätzen schließt:
»Ich war zweimal an dem Grab in Kaschmir. Mir ist aufgefallen, daß
viele indische Christen davon überzeugt sind, daß Jesus nach Indien

gekommen und daß dies sein Grab ist. Ich weiß das nicht. Aber ich empfehle, das nicht nur als Legende abzutun und der Frage wissenschaftlich nachzugehen. Zu seriöser Wissenschaft gehört auch, daß man Legendenbildung ernst nimmt. Ich habe einmal den Dalai Lama gefragt, was da dran sei, ob man Zugang zu den Beweisen bekommen könne, die ja im Potala liegen sollen. Der Dalai Lama hat nur gesagt: ›Ich will doch keinen Krach mit dem Papst deshalb.‹«[22] Schön, wenn ich Unrecht behielte mit meiner Befürchtung, und alles doch nicht so schlimm wäre. Vielmehr wäre zu hoffen, daß Franz Alt trotz seines fehlgeleiteten Interesses noch den wirklichen Jesus der Evangelien entdeckt. Dann könnte er uns, wenn auch wohl kaum als Wissenschaftler oder Dichter, so doch als Journalist wichtige Dienste tun.

[22] Die Kirche verehrt eine Mumie, Hamburger Abendblatt 127 v. 2. Juni 1990, S. 8

Vom gleichen Herausgeber:

Christlicher Glaube und Literatur Band 1

120 Seiten, Paperback, Bestell-Nr. 24100

Bei einem Symposium vom 30. Mai bis 1. Juni 1986 auf Schloß Reichenberg im Odenwald diskutierten Schriftsteller und Literaturwissenschaftler über ihre Werke, über die Aufgabe der christlichen Literatur heute und über die Frage, ob sich Kunst und Glauben, Ästhetik und Religion miteinander verbinden lassen.

Die hier wiedergegebenen Beiträge stammen von Tatiana Goritschewa, Christa Harnisch, Oliver Kohler, Gisbert Kranz, Peter Lotar, Friso Melzer, Monique Schmidt-Rossel, Rudolf Otto Wiemer.

Christlicher Glaube und Literatur Band 2

104 Seiten, Paperback, Bestell-Nr. 24101

Aus Anlaß seines 30. Todestag und 85. Geburtstages ist das Jahrbuch 1988 ausschließlich *Reinhold Schneider* gewidmet, dem für evangelische wie katholische Leser gleichermaßen aktuell gebliebenen christlichen Lyriker, Erzähler, Dramatiker und Essayisten.

Christlicher Glaube und Literatur Band 3

96 Seiten, Paperback, Bestell-Nr. 24102

Autobiographien folgender – nicht nur christlicher – Verfasser werden untersucht:

Reinhold Schneider, Helmut Thielicke, Gertrud Fussenegger, Luise Rinser, Heinrich Albertz, Ernst Jünger u.a.

Die Beiträge stammen von Hartmut Rosenau, Lutz E. von Padberg, Victor Hell, Joan Bleicher, Heimo Schwilk und Gertrud Fussenegger.

Christlicher Glaube und Literatur Band 4

144 Seiten, Paperback, Bestell-Nr. 24103

Auch das Verhältnis von Wissenschaft und Literatur zueinander unterliegt wechselnden Beurteilungen. Die geläufige These von den »zwei Kulturen« ist stets neu zu überprüfen, will man es sich nicht zu leicht machen bei der Abwägung von Gegeneinander, Miteinander oder Nebeneinander. Die Prämisse des Paulus: Auseinandersetzung mit dem Wissen der Zeit vor dem Hintergrund seiner berühmten Maßgabe »Prüft aber alles, und behaltet das Gute«, und die damit zugleich gestellte Wahrheitsfrage bestimmten ein im September 1989 auf Schloß Reichenberg im Odenwald veranstaltetes Symposium über »Wissenschaft und Literatur«, dessen zentrale Beiträge im hier vorliegenden Band dokumentiert und zur Diskussion gestellt werden.

R. BROCKHAUS VERLAG WUPPERTAL UND ZÜRICH